崇文国学经典普及文库

CHONGWEN GUOXUE JINGDIAN PUJI WENKU

呻吟语

（明）吕坤 著　叶玉泉 译

U0833756

长江出版传媒｜崇文书局

图书在版编目（CIP）数据

呻吟语/(明)吕坤著；叶玉泉译.—2版.—武汉：
崇文书局，2015.6（2017.7重印）
（崇文国学经典普及文库）
ISBN 978-7-5403-3909-8

Ⅰ.①呻… Ⅱ.①吕… ②叶… Ⅲ.①人生哲学－中国－明代
②《呻吟语》－译文 Ⅳ.①B248.92

中国版本图书馆CIP数据核字（2015）第110949号

长江出版传媒 Changjiang Publishing & Media | 崇文书局 Chongwen Publishing House

出品人：潘启胜

※

统　　筹：陈中琼
责任编辑：陈中琼　郑小华
出版发行：武汉市雄楚大街268号·湖北出版文化城主楼C座11层
营销：027-87293001　传真：027-87679712
印　　刷：湖北鄂南新华印刷包装有限公司
开　　本：710×1000　1/16
印　　张：18　　字　数：198千字
版　　次：2015年6月第2版
印　　次：2017年7月第5次印刷
定　　价：32.80元

总序

现代意义的“国学”概念，是在 19 世纪西学东渐的背景下，为了保存和弘扬中国优秀传统文化而提出来的。1935 年，王缁尘在世界书局出版了《国学讲话》一书，第 3 页有这样一段说明：“庚子义和团一役以后，西洋势力益膨胀于中国，士人之研究西学者日益众，翻译西书者亦日益多，而哲学、伦理、政治诸说，皆异于旧有之学术。于是概称此种书籍曰‘新学’，而称固有之学术曰‘旧学’矣。另一方面，不屑以旧学之名称我固有之学术，于是有发行杂志，名之曰《国粹学报》，以与西来之学术相抗。‘国粹’之名随之而起。继则有识之士，以为中国固有之学术，未必尽为精粹也，于是将‘保存国粹’之称，改为‘整理国故’，研究此项学术者称为‘国故学’……”从“旧学”到“国故学”，再到“国学”，名称的改变意味着褒贬的不同，反映出身处内忧外患之中的近代诸多有识之士对中国优秀传统文化失落的忧思和希望民族振兴的宏大志愿。

从学术的角度看，国学的文献载体是经、史、子、集。崇文书局的这一套国学经典普及文库，就是从传统的经、史、子、集中精选出来的。属于经部的，如《诗经》《论语》《孟子》《周易》《大学》《中庸》《左传》；属于史部的，如《战国策》《史记》《三国志》《贞观政要》《资治通鉴》；属于子部的，如《道德经》《庄子》《孙子兵法》《鬼谷子》《世说新语》《颜氏家训》《容斋随笔》《本草纲目》《阅微草堂笔记》；属于集部的，如《楚辞》《唐诗三百首》《豪放词》《婉约词》《宋词三百首》《千家诗》《元曲三百首》《随园诗话》。这套书内容丰富，而分量适中。一个希望对中国优秀传统文化有所了解的人，读了这些书，一般说来，犯常识性错误的可能性就很小了。

崇文书局之所以出版这套国学经典普及文库，不只是为了普及国学常识，更重要的目的是，希望有助于国民素质的提高。在国学教育中，有一种倾向需要警惕，即把中国优秀的传统文化“博物馆化”。“博物馆化”是20世纪中叶美国学者列文森在《儒教中国及其现代命运》中提出的一个术语。列文森认为，中国传统文化在很多方面已经被博物馆化了。虽然中国传统的经典依然有人阅读，但这已不属于他们了。“不属于他们”的意思是说，这些东西没有生命力，在社会上没有起到提升我们生活品格的作用。很多人阅读古代经典，就像参观埃及文物一样。考古发掘出来的珍贵文物，和我们的生命没有多大的关系，和我们的生活没有多大关系，这就叫作博物馆化。“博物馆化”的国学经典是没有现实生命力的。要让国学经典恢复生命力，有效的方法是使之成为生活的一部分。崇文书局之所以强调普及，深意在此，期待读者在阅读这些经典时，努力用经典来指导自己的内外生活，努力做一个有高尚的人格境界的人。

国学经典的普及，既是当下国民教育的需要，也是中华民族健康发展的需要。章太炎曾指出，了解本民族文化的过程就是一个接受爱国主义教育的过程："仆以为民族主义如稼穑然，要以史籍所载人物制度、地理风俗之类为之灌溉，则蔚然以兴矣。不然，徒知主义之可贵，而不知民族之可爱，吾恐其渐就萎黄也。"(《答铁铮》)优秀的传统文化中，那些与维护民族的生存、发展和社会进步密切相关的思想、感情，构成了一个民族的核心价值观。我们经常表彰"中国的脊梁"，一个毋庸置疑的事实是，近代以前，"中国的脊梁"都是在传统的国学经典的熏陶下成长起来的。所以，读崇文书局的这一套国学经典普及读本，虽然不必正襟危坐，也不必总是花大块的时间，更不必像备考那样一字一句锱铢必较，但保持一种敬重的心态是完全必要的。

期待读者诸君喜欢这套书，期待读者诸君与这套书成为形影相随的朋友。

陈文新

（教育部长江学者特聘教授，武汉大学杰出教授）

前言

《呻吟语》的作者吕坤（1536—1618年），明嘉靖至万历年间人，字叔简，号新吾，自称抱独居士，河南宁陵人。万历二年（1574年）中进士，初为襄垣知县，因政绩卓著不断升迁，召为左佥都御史，历任刑部左、右侍郎。吕坤为人“刚介峭直，留意正学。居家之日与后进讲习，所著述多出新意”（《明史》卷二二六）。

《呻吟语》刊刻于万历二十一年（1593年），是吕坤历经三十年才完成的呕心沥血之作。吕坤在序文中对书名作过这样的解释：“呻吟，病声也。呻吟语，病时疾痛语也。”他记述那些“病时疾痛语”的目的，一是“携以自药”，二是“以一身示惩于天下”，即为了让人们记住病时的痛苦，寻找出治病的良药。《呻吟语》综采百家，以儒家思想为主体。全书体现了儒家自强不息、积极用世的精神。但由于作者处于晚明时代，目睹了现实的黑暗与吏治的腐败，因而这种强烈用世的精神必然伴随着深沉的忧患意识。作者针对病入膏肓的明王朝发出的悲愤之言，充分表现了一位具有正义感和使命感的知识分子的悲悯情怀。

该书分六卷，即礼集、乐集、射集、御集、书集、数集。前三卷为内篇，后三卷为外篇，从性命、存心、伦理、谈道、修身、问学、应务、养生、天地、世运、圣贤、品藻、治道、人情、物理、广喻、词章等十七个方面，阐述了作者对人生、世情的观察和思考，大多关乎修身治国、理政兴邦、处事应物、为学养生之道。行文睿智、通脱、深沉、慷慨。《呻吟语》是一部语录体的著作，其文风朴实，无一般晚明人的狂狷之风；其立意积极，无晚明诸多小品文的虚无态度。即使在今天来看，也不失为一部开启心智、提升道德、品评人生、指导实践的宝典。

选译该书时，编者既顾及了译著的篇幅，又考虑了原书的全貌。也许难免挂一漏万，但应该是一本让读者有所悟也有所思的好书。

目录

卷一 内篇 礼集

性 命……1
存 心……7
伦 理……33
谈 道……46

卷二 内篇 乐集

修 身……75
问 学……116

卷三 内篇 射集

应 务……137
养 生……180

卷四 外篇 御集

天 地……185
世 运……195
圣 贤……198
品 藻……204

卷五 外篇 书集

治 道……227

卷六 外篇 数集

人 情……247
物 理……260
广 喻……264
词 章……275

卷一 内篇 礼集

性 命

【原文】

正命者，完却正理，全却初气，未尝以我害之。虽桎梏而死，不害其为正命。若初气凿丧，正理不完，即正寝告终，恐非正命也。

【译文】

所谓“正命”，就是指能够完满地实现人生的正道、完好地保持人最初禀受的元气，并没有因为个人人为的原因损害人生正道和初始之气。这样的话，即使被囚禁而死，也可以称作“正命”。如果生下来禀受的元气损伤了，人生的正道没有完满的实现，即使能寿终正寝，恐怕也不能称作“正命”。

【原文】

德性以收敛沉着为第一，收敛沉着中又以精明平易为第一。大段收敛沉着人怕含糊，怕深险。浅浮子虽光明洞达，非蓄德之器也。

【译文】

德性以收敛沉着为第一重要，收敛沉着中又以精明平易为第一重要。一般说来，收敛沉着的人怕的是含含糊糊，怕的是高深阴险。轻浮的人看上去虽然光明磊落、明了透彻，也不是能够修养高尚道德的人。

【原文】

气，无终尽之时；形，无不毁之理。

【译文】

气，没有最终穷尽的时候；形体，没有不毁灭的道理。

【原文】

真机、真味要涵蓄，休点破。其妙无穷，不可言喻。所以圣人无言。一犯口颊，穷年说不尽，又离披浇漓，无一些咀嚼处矣。

【译文】

真机、真味要涵养好、蓄积好，不要轻易点破。这样，其中的奥妙就会无穷无尽，难以用言语表达。所以圣人从不夸夸其谈。真机、真味一旦说出来，整年都会说不完，而且会支离破碎，不合情理，没有任何耐人寻味之处了。

【原文】

性分不可使亏欠，故其取数也常多，曰穷理，曰尽性，曰达天，曰入神，曰致广大、极高明。

情欲不可使赢馀，故其取数也常少，曰谨言，曰慎行，曰约己，曰清心，曰节饮食、寡嗜欲。

【译文】

人的天赋本性不能有欠缺，因此它表现出来通常是多种多样的，这就是“穷理”、“尽性”、“达天”、“入神”、“致广大、极高明”。人的情欲不能过分地扩大，它表现出来应该有一定的限度，因而要“谨言”、“慎行”、“约己”、“清心”、“节饮食、寡嗜欲”。

【原文】

深沉、厚重是第一等资质，磊落、豪雄是第二等资质，聪明、才辩是第三等资质。

【译文】

深敛沉着、敦厚持重是第一等资质，光明磊落、豪迈雄健是第二等资质，聪明机智、多才善辩是第三等资质。

【原文】

六合原是个情世界，故万物以之相苦乐，而至人圣人不与焉。

【译文】

宇宙本是一个充满感情的世界，所以世上的万事万物都因情而有痛苦和欢乐。然而，那些心中无己的至人和品德高尚的圣人不会因俗情而生苦乐之感。

【原文】

凡人光明博大、浑厚含蓄，是天地之气；温

煦和平，是阳春之气；宽纵任物，是长夏之气；严凝敛约、喜刑好杀，是秋之气；沉藏固啬，是冬之气。暴怒，是震雷之气；狂肆，是疾风之气；昏惑，是霾雾之气；隐恨留连，是积阴之气；从容温润，是和风甘雨之气；聪明洞达，是青天朗月之气。有所钟者，必有所似。

【译文】

一个人光明博大、深厚含蓄，这是禀受了天地之气；温厚煦暖、心平气和，这是禀受了阳春之气；宽恕纵容、放任外物是禀受了夏天之气；严凝敛约、喜刑好杀，这是禀受了秋天之气；深藏厚敛、顽固悭吝，这是禀受了严冬之气。凶暴横怒，是禀受了震雷之气；狂妄放肆，是禀受了疾风之气；昏弱迷惑，是禀受了霾雾之气；隐恨流连，是禀受了积阴之气；从容温润，是禀受了和风甘雨之气；聪明洞达，是禀受了青天朗月之气。一个人禀受了什么气，必然表现出相似的气质。

【原文】

兰以火而香，亦以火而灭；膏以火而明，亦以火而竭；炮以火而声，亦以火而泄。阴者，所以存也；阳者，所以亡也。岂独声色、气味然哉？世知郁者之为足，是谓万年之烛。

【译文】

兰草因被火点燃而发出香气，也因燃烧而消尽；膏油因被火点燃而发光，也因燃烧而耗竭；炮因被火点燃而发声，也因燃烧而消散。隐忍而不外露，就能够存在；外露而不敛藏，就要灭亡。难道只有声、色、气、味是这个道理吗？世上那些知道隐忍克制就能永远充实满足的人，可以称之为万年也灭不掉的蜡烛。

【原文】

人之念头与气血同为消长。四十以前是个进心，识见未定而敢于有为；四十以后是个定心，识见既定而事有酌量；六十以后是个退心，见识虽真而精力不振。未必人人皆此，而此其大凡也。古者四十仕，六十、七十致仕，盖审之矣。人亦有少年退缩不任事，厌厌若泉下人者；亦有衰年狂躁妄动喜事者，皆非常理。若乃以见事风生之少年为任事，以念头灰冷之衰夫为老成，则误矣。邓禹沉毅，马援矍铄，古诚有之，岂多得哉！

【译文】

人的思想是随着气血的消长而消长的。四十岁以前有奋发进取之心，经验不足、见识不广，但敢想敢做；四十岁以后思想就定型了，见多识广，遇事会斟酌考虑；到六十岁以后渐渐有退让情绪，虽然经验丰富、认识问题深刻，但却精力不足难以振作起来。虽然并不是每个人都是这样，但这是大多数人的情况。古时候，人到四十岁才入仕做官，六七十岁辞官退休，大概就是考虑到了这种情况。也有年轻时畏缩不前、不敢担当大事，气虚志消如同快死去的人一样的；也有到了衰老之年性情狂躁、轻举妄动、喜欢多事的，这都违背常理。如果把遇事不想就莽莽撞撞干起来的年轻人看成是能担负重任的，或是把心灰意冷的衰老之人当成是老成持重的，那就错了。像邓禹那样年轻却沉着勇毅，像马援那样年纪虽老但精神矍铄的人，古时确实有过，但哪能多得呢！

【原文】

命本在天，君子之命在我，小人之命亦在我。君子以义处命，不以其道得之不处，命不足道也；小人以欲犯命，不可得而必欲得之，命不肯受也。但君子谓命在我，得天命之本然；小人谓命在我，幸气数之或然。是以君子之心常泰，小人之心常劳。

【译文】

人的命运本来是上天决定的，君子的命运由自己掌握，小人的命运也由自己掌握。君子按照道义来选择命运，再好的命运如果不是用正义的方法得来的也拒不接受，根本不会把命运的好坏放在心上；小人从自己的欲望出发去违犯上天决定的命运，不能得到的也一定要努力得到，不肯接受上天的安排。但所说的君子的命运由自己掌握，是说他得到的命运和上天赋予的是相同的；所说的小人的命运由自己掌握，是希图上天能偶尔改变原定的命运。因此，君子的内心常常是泰然自若的，小人的内心常常是劳碌不安的。

【原文】

性者，理、气之总名。无不善之理，无皆善之气。论性善者，纯以理言也；论性恶与善恶混者，兼气而言也。故经传言性，各各不同，惟孔子无病。

【译文】

性，是理和气的总称。没有不善的理，也没有全是善的气。说人性善，这是单纯从理这方面来说的；说人性恶或善恶相混，这是从理、气两方面来说的。所以儒家的经典和传注谈到性时，见解都不相同，只有孔子的论述没有毛病。

存　心

【原文】

心要如天平。称物时物忙而衡不忙，物去时即悬空在此。只恁静虚中正，何等自在！

【译文】

人心要犹如一台天平。天平在称量物体的时候，物体被搬运个不停，而衡杆却安然自在，物体搬开后，天平仍然悬空放在那里。人心只要像天平那样处在静虚中正的状态，就会多么的自由自在！

【原文】

学者只事事留心，一毫不肯苟且，德业之进也，如流水矣。

【译文】

做学问的人，只要事事留心认真、一丝不苟，德行学业的进步就会像涓涓流水一样不会终止。

【原文】

心放不放，要在邪正上说，不在出入上说。且如高卧山林，游心廊庙；身处衰世，梦想唐虞；游子思亲，贞妇怀夫，这是个放心否？若不论邪正，只较出入，却是禅定之学。

【译文】

人的心到底放纵与否，应从好坏着眼，而不能只看有无。比如隐居深山老林，而心系朝廷；身处衰乱之世，而心想唐虞盛世；离乡远游的人思念亲人，贞节的妇女怀念丈夫，这些是不是“放心”呢？如不论好坏，只看有无，都要将心收起来，这是禅宗的主张。

【原文】

常使精神在心目间，便有主而不眩于客感之交。只一昏昏，便是胡乱应酬。岂无偶合？终非心上经历过，竟无长进。譬之梦食，岂能饱哉？

【译文】

常常使精神处在清醒状态，这样就可以有主见，而不被外界事物所迷惑。只要神志稍微不清，便会随意应付。难道没有偶然巧合的？然而这种情形不是出自内心，最终不会长进。就好像梦里吃东西，难道真的能吃饱吗？

【原文】

防欲如挽逆水之舟，才歇力便下流；力善如缘无枝之树，才住脚便下坠。是以君子之心，无时而不敬畏也。

【译文】

克制欲念好比牵挽逆水而行之船，刚一歇息船就要向下游漂流；努力向善好比攀爬没有树枝的大树，刚一歇脚身体就要下滑。因此，君子的内心无时无刻不是处在警惕之中。

【原文】

千日集义，禁不得一刻不慊于心。是以君子瞬存息养，无一刻不在道义上。其防不义也，如千金之子之防盗，惧馁之故也。

【译文】

即使千日养气集义，也抵挡不住片刻之间产生的私欲。因此，君子每时每刻都要修身养性，在道义上一刻也不放松。君子防止不义的行为，如同富有之家防盗贼一样不能松懈，因为怕丢失了日后受穷挨饿。

【原文】

无屋漏工夫，做不得宇宙事业。

【译文】

没有在无人看见时仍保持高贵品质的工夫，做不成一番大事业。

【原文】

君子口中无惯语，存心故也。故曰："修辞

立其诚。”不诚，何以修辞？

【译文】

君子嘴里没有口头语，这是存心的缘故。所以说：“修饰言辞来表达诚心。”心不诚，修饰言辞有什么用呢？

【原文】

一念收敛，则万善来同；一念放恣，则百邪乘衅。

【译文】

收敛一个出自私心的念头，各种善行就会俱来；放纵一个出自私心的念头，各种邪恶就会乘虚而入。

【原文】

得罪于法，尚可逃避；得罪于理，更没处存身，只我底心便放不过我。是故君子畏理甚于畏法。

【译文】

触犯法律而犯罪，还可以逃避；违背天理而犯罪，便没处藏身，就连自己的心也放不过自己。因此，君子畏惧天理比畏惧法律更甚。

【原文】

目中有花，则视万物皆妄见也；耳中有声，则听万物皆妄闻也；心中有物，则处万物皆妄意也。是故此心贵虚。

【译文】

眼睛昏眩，看到的任何东西都是虚幻的；有耳鸣病的人，听到的任何声音都是不真实的；心中有事情牵挂，做什么事都会受到影响。因此，保持心灵的虚静是非常必要的。

【原文】

忘是无心之病，助长是有心之病。心要从容自在，活泼于有无之间。

【译文】

遗忘是无所用心的表现，助长是有所用心的表现。一个人的心要从容自如，活跃于有所用心和无所用心之间。

【原文】

“静”之一字，十二时离不了，一刻才离便乱了。门尽日开阖，枢常静；妍媸尽日往来，镜常静；人尽日应酬，心常静。惟静也，故能张主得动，若逐动而去，应事定不分晓。便是睡时，此念不静，作个梦儿也胡乱。

【译文】

“静”这个字，十二个时辰都不能丢开，只要丢开一刻便会乱套。门整天不停地开阖，但门上的转轴永远是静的；美丽的和丑陋的人整天来来往往照镜子，但镜子永远是静的；人整天应酬，而心要常静。只有做到心静，才能以静制动，如果心随事动，必然不知如何恰当地处理事情。就是睡觉的时候心不静的话，那做个梦也一定是胡乱荒诞的。

【原文】

把意念沉潜得下，何理不可得？把志气奋发得起，何事不可做？今之学者，将个浮躁心观理，将个委靡心临事，只模糊过了一生。

【译文】

让意念沉静下来，什么道理悟不出来呢？让志气振作起来，什么事情做不成呢？现在求学的人，用浮躁不定的心来探求道理，以萎靡不振的心来处理事情，这样只能糊里糊涂地度过一生。

【原文】

当可怨、可怒、可辩、可诉、可喜、可愕之际，其气甚平，这是多大涵养！

【译文】

一个人在可以抱怨、发怒、争辩、控诉、高兴、惊讶的时候，能够做到平心静气，这是多么深厚的涵养啊！

【原文】

天地间真滋味，惟静者能尝得出；天地间真机括，惟静者能看得透；天地间真情景，惟静者能题得破。作热闹人，说孟浪语，岂无一得？皆偶合也。

【译文】

天地间的真滋味，只有心静的人才能尝得出；天地间事物真正的关键，只有心静的人才能看得透；天地间的真情景，只有心静的人才能点明、道破。做热闹人，说鲁莽话，难道不会做对一件或说对一句吗？

但那都是偶然碰上的。

【原文】

未有甘心快意而不殃身者。惟理义之悦我心，却步步是安乐境。

【译文】

没有只求一时称心快意而不祸及其身的。只有公理与正义才能使我心情舒畅，一步一步达到安乐境界。

【原文】

问："慎独如何解？"曰："先要认住'独'字。'独'字就是'意'字。稠人广坐、千军万马中，都有个'独'，只这意念发出来是大中至正底，这不劳慎，就将这'独'字做去，便是天德王道。这意念发出来，九分九厘是，只有一厘苟且为人之意，便要点检克治，这便是慎独了。"

【译文】

有人问："慎独如何解释？"我回答说："先要认清这个'独'字。'独'是从意念上说的。稠人广坐、千军万马当中，都有个'独'，只要意念发出来是恰如其分的、合于正道的，不必用'慎'就能做到'独'，就符合天德王道。如果意念出来，九分九厘是恰如其分、合于正道的，只有一厘是马马虎虎做人的想法，这时就要检点克制，这就是慎独。"

【原文】

自家好处掩藏几分，这是涵蓄以养深；别人不好处要掩藏几分，这是浑厚以养大。

【译文】

将自己的长处掩藏几分，这是内敛含蓄，可以培养自己深沉的性格；将别人的短处掩藏几分，这是淳朴敦厚，可以培养自己博大的胸怀。

【原文】

宁耐，是思事第一法；安详，是处事第一法；谦退，是保身第一法；涵容，是处人第一法；置富贵、贫贱、死生、常变于度外，是养心第一法。

【译文】

宁静忍耐，是思考问题最重要的方法；安详从容，是处理事情最重要的方法；谦虚退让，是保全自身最重要的方法；包容宽恕，是与人相处最重要的方法；将富贵、贫贱、死生、常变置之度外，是修养心性最重要的方法。

【原文】

胸中情景，要看得春不是繁华，夏不是发畅，秋不是寥落，冬不是枯槁，方为我境。

【译文】

胸中之情景，要看得到春天并不一定是繁花似锦，夏天并不一定是生机勃勃，秋天并不一定是冷落凄凉，冬天并不一定是枯萎寂灭，这样才能摆脱外境的影响而达到自我的最高境界。

【原文】

大丈夫不怕人，只是怕理；不恃人，只是恃道。

【译文】

大丈夫不惧怕任何人，只是惧怕义理；不倚仗任何人，只倚仗正道。

【原文】

“躁心浮气，浅衷狭量”，此八字进德者之大忌也。去此八字，只用得一字，曰主静。静则凝重，静中境自是宽阔。

【译文】

“躁心浮气，浅衷狭量”，这八个字，是谋求功德进步的人的最大忌讳。要去掉这八个字，只须用一个字，这个字就是“静”。静，就能够保持端庄稳重，在静中境界自然开阔。

【原文】

士君子要养心气，心气一衰，天下万事分毫做不得。冉有只是个心气不足。

【译文】

士人君子应修心养气，心气一衰，天下任何事一点都做不了。孔子对弟子冉有不大满意，就是因为冉有心气不足。

【原文】

人只是心不放肆，便无过差；只是心不怠

忽，便无遗忘。

【译文】

一个人只要其心不放纵任意、无所顾忌，就不会出现什么差错；只要其心不怠惰松懈、疏忽大意，就不会出现遗忘。

【原文】

胸中只摆脱一“恋”字，便十分爽净，十分自在。人生最苦处，只是此心沾泥带水，明是知得，不能断割耳。

【译文】

心中只要去掉一个“恋”字，就会非常爽净、自由自在。人生最苦恼的，就是心灵被外界的人和事所干扰、拖泥带水，明明知道牵肠挂肚无济于事，但就是不能割舍。

【原文】

此心果有不可昧之真知，不可强之定见，虽断舌可也，决不可从人然诺。

【译文】

心中如果真有不可掩盖的真知灼见，真有不可强行改变的确定见解，即使被割断舌头，也绝不能盲从他人来做出判断。

【原文】

举世都是我心。去了这我心，便是四通八达，六合内无一些界限。要去我心，须要时时省察：这念头是为天地万物？是为我？

【译文】

世上万事万物都要我的心去体察。去掉有我之心，天下就四通八达，东西南北及上上下下也没有什么界限了。要清除有我之心，就应时时省察：心中的念头是为了天地万物？还是为了我自己？

【原文】

目不容一尘，齿不容一芥，非我固有也。如何灵台内许多荆榛却自容得？

【译文】

眼睛中容不得一点灰尘，齿缝中容不得一点芥末，因为这些东西都不是眼睛和牙齿中固有的东西。为什么心中有那么多的杂念欲望却能容得下呢？

【原文】

心一松散，万事不可收拾；心一疏忽，万事不入耳目；心一执著，万事不得自然。

【译文】

思想一放松，什么事情都无法收拾；思想一疏忽，什么东西都听而不闻、视而不见；思想一执着，做任何事情都不会合乎自然之道。

【原文】

当尊严之地，大众之前，震怖之景，而心动气慑，只是涵养不定。

【译文】

当一个人处于庄严肃穆的场合，在大庭广众下或面对令人惊恐的

情形时，如果心惊肉跳、害怕恐惧，这是因为涵养还不够。

【原文】

迷人之迷，其觉也易；明人之迷，其觉也难。

【译文】

糊涂的人虽然糊涂，让他觉悟并不太难；而聪明人一糊涂，要使他觉悟则相当困难。

【原文】

君子畏天，不畏人；畏名教，不畏刑罚；畏不义，不畏不利；畏徒生，不畏舍生。

【译文】

君子畏惧天理，不畏惧人情；畏惧纲常名教，不畏惧刑罚；畏惧做出不义之举，不畏惧利害得失；畏惧一生无所作为、白白地活在这世上，而不畏惧为正义献身。

【原文】

“忍”、“激”二字是祸福关。

【译文】

忍耐、激切，是灾祸和福泽的关键。

【原文】

殃咎之来，未有不始于快心者。故君子得意而忧，逢喜而惧。

【译文】

灾祸的到来，没有不是因为当初只图一时痛快而导致的。因此，君子在得意的时候常常感到忧虑，遇到喜事的时候常常感到恐惧。

【原文】

一念孳孳，惟善是图，曰正思；一念孳孳，惟欲是愿，曰邪思；非分之福，期望太高，曰越思；先事徘徊，后事懊恨，曰萦思；游心千里，歧虑百端，曰浮思；事无可疑，当断不断，曰惑思；事不涉己，为他人忧，曰狂思；无可奈何，当罢不罢，曰徒思；日用职业，本分工夫，朝惟暮图，期无旷废，曰本思。此九思者，日用之间，不在此则在彼。善摄心者，其惟本思乎？身有定业，日有定务，暮则省白昼之所行，朝则计今日之所事。念兹在兹，不肯一事苟且，不肯一时放过，庶心有着落，不得他适，而德业日有长进矣。

【译文】

每产生一个念头，都是孳孳向善，叫"正思"；每产生一个念头，都是想实现自己的欲望，叫"邪思"；贪图非分之福，期望太高，叫"越思"；

事前犹豫不定，事后懊恼后悔，叫“萦思”；东想西想，千思万虑，叫“浮思”；事情本无可疑，当决断时不决断，叫“惑思”；事情与自己无关，为他人担心，叫“狂思”；事情本已无可奈何，难以挽回，却摆脱不了，叫“徒思”；对个人的日常生活、自己的职业、自身的道德修养，朝思暮想，希望不要耽误荒废，叫“本思”。这九思，日常生活中，不是想这个就是想那个。善于养心的人，大概只有“本思”吧？本身有固定的职业，每天有固定的任务，夜晚就思考白天做的事，早晨就筹划今天该做的事。想着这件事就干这件事，对任何事都不肯马马虎虎、草率从事，任何时候不肯松懈大意、得过且过，这样心才会有着落，不会想那些与自己毫不相干的事，德业也才能日日长进。

【原文】

学者只多忻喜心，便不是凝道之器。

【译文】

求学的人只要有过多的追求快乐之心，他就不能集聚道义。

【原文】

小人亦有坦荡荡处，无忌惮是已；君子亦有常戚戚处，终身之忧是已。

【译文】

小人也有襟怀坦荡的时候，在他毫无顾忌和畏惧时便是如此；君子也有忧愁悲哀的时候，在他思考人生的使命时便是如此。

【原文】

斯道这个担子，海内必有人负荷。有能慨

然自任者，愿以绵弱筋骨助一肩之力，虽走僵死不恨。

【译文】

“道”这副担子，天下必定会有人出来承担。如果有慷慨激昂、自觉自愿来承担的，我愿以微弱之躯助他一臂之力，即使累死也不会反悔。

【原文】

恶恶太严，便是一恶；乐善甚亟，便是一善。

【译文】

憎恨坏人坏事太过分，便是一种恶；喜爱善人善行很急切，就是一种善。

【原文】

种豆，其苗必豆；种瓜，其苗必瓜。未有所存如是，而所发不如是者。心本人欲，而事欲天理；心本邪曲，而言欲正直，其将能乎？是以君子慎其所存。所存是，种种皆是；所存非，种种皆非，未有分毫爽者。

【译文】

种下豆子，长出来的苗必然是豆苗；种下的是瓜子，长出来的苗必然是瓜秧。没有保存的是这种东西，而拿出来的又是另一种东西的情形。心中想的本来都是人欲，而做出事来却想合乎天理；心本来是邪曲的，而说出话来却想正直，这哪可能呢？因此，君子对自己所要保持的东西是非常谨慎的。保持的最根本的东西是正确的，表现出来的种种言行必定都会正确；保持的最根本的东西是错误的，表现出来的种种言行必定都会错误。以此来验证事理,没有相差分毫的。

【原文】

属纩之时,般般都带不得,惟是带得此心。却教坏了,是空身归去矣。可为万古一恨。

【译文】

人在临终的时候,样样东西都带不走,只是带着心而去。如果心坏了,那就一无所有而离去。这可以说是万古遗恨。

【原文】

吾辈所欠,只是涵养不纯不定。故言则矢口所发,不当事,不循物,不宜人;事则恣意所行,或太过,或不及,或悖理。若涵养得定,如熟视正鹄而后开弓,矢矢中的;细量分寸而后投针,处处中穴。此是真正体验,实用工夫,总来只是个沉静。沉静了,发出来件件都是天则。

【译文】

我们这些人所欠缺的就是涵养不纯不定。因此说话时就脱口而出,根本不考虑是否同事相合,是否遵循了事物的法则,是否与人适宜;遇到事情则随意而为,或做得太过分,或做得还不够,或违背常理。如果涵养功夫到家了,就如同看清了靶子再开弓射箭一样,箭箭都能射中目标;又如同量好穴位然后再针灸一样,每一针都能扎中穴位。这才是真正的体验,也才是实用的功夫,总的说来就是要沉静。能做到沉静,做出来的事、说出来的话,件件都符合自然规律。

【原文】

定静中境界与六合一般大，里面空空寂寂，无一个事物。才问他索时，般般足、样样有。

【译文】

虚寂状态下人的思想境界如同天地一样广阔，里面看起来空空荡荡、寂寂寥寥，好像什么都没有。但只要在此用心求索，什么都可以找到。

【原文】

“暮夜无知”，此四字百恶之总根也。人之罪莫大于欺，欺者，利其无知也。大奸大盗，皆自无知之心充之。天下大恶只有二种：欺无知，不畏有知。欺无知，还是有所忌惮心，此是诚伪关。不畏有知，是个无所忌惮心，此是死生关。犹知有畏，良心尚未死也。

【译文】

“暮夜无知”，这四个字是各种恶行的总根源。人的罪恶没有比欺骗更大的，欺骗就是利用了对方不会知道这一点。大奸大盗之人都是认为别人不会知道才横行无忌的。天下的大恶只有两种：一是欺骗别人，不让别人知道；二是欺骗了别人不怕别人知道。欺骗了别人不让人知道，心中还是有所畏惧，这涉及真诚与伪善的问题。不怕别人知道，就是肆无忌惮的心态，这就涉及生与死的问题。知道有所畏惧，说明良心还没有完全泯灭。

【原文】

天地万物之理，出于静，入于静；人心之理，发于静，归于静。

【译文】

天地万物之理，出之于静，入之于静；人心之理，发之于静，归结于静。

【原文】

动时只见发挥不尽，那里觉错？故君子主静而慎动。主静，则动者静之枝叶也；慎动，则动者静之约束也。又何过焉？

【译文】

做事的时候，只会觉得精力用不完，哪里肯去想自己还有什么过失？所以，君子主张保持虚静而谨慎行事。保持虚静，动便是静的枝叶；谨慎行事，动便会受到静的制约。这样的话哪里还会出现失误呢？

【原文】

童心最是作人一大病，只脱了童心，便是大人君子。或问之。曰："凡炎热念、骄矜念、华美念、欲速念、浮薄念、声名念，皆童心也。"

【译文】

有幼稚之心是做人的一个大毛病，只要脱离了幼稚之心，就是大人、君子。有人问这话是什么意思。回答说："凡是趋炎附势的念头、骄傲矜夸的念头、享受侈华美物的念头、想迅速成功的念头、浅薄虚浮的念头、追求声名的念头，都是童心。"

【原文】

吾辈终日念头离不了四个字，曰"得""失""毁""誉"。其为善也，先动个得与誉底念头；其不敢为恶也，先动个失与毁底念头。总是欲心、伪心，与圣人天地悬隔。圣人发出善念，如饥者之必食，渴者之必饮。其必不为不善，如烈火之不入，深渊之不投，任其自然而已。贤人念头只认个可否，理所当为，则自强不息；所不可为，则坚忍不行。然则得、失、毁、誉之念可尽去乎？曰：胡可去也？天地间惟中人最多。此四字者，圣贤藉以训世，君子藉以检身。曰"作善降之百祥，作不善降之百殃"，以得失训世也。曰"疾没世而名不称"，曰"年四十而见恶"，以毁誉训世也。此圣人待衰世之心也。彼中人者，不畏此以检身，将何所不至哉？故尧舜能去此四字，无为而善，忘得失毁誉之心也；桀纣能去此四字，敢于为恶，不得失毁誉之恤也。

【译文】

我们这些人，终日的念头都离不了"得""失""毁""誉"这四个字。

在做善事的时候，先动个想得到什么和希望别人赞誉的念头；不敢做坏事时，先动个会不会损失什么和遭到别人诋毁的念头。这些念头都属于欲心、伪心，与圣人相比有天壤之别。圣人发出善念来，就如同饥饿的人要吃饭，口渴的人要喝水一样。他们不做不善的事，就如同不走进烈火、不踏向深渊一样，完全是自然而然的。贤人的念头只考虑到这事可以做还是不可以做，从道义上看是应当做的，就自强不息地做下去；从道义上看是不应当做的，就坚持忍耐不去做。然而得失毁誉的念头可以完全去掉吗？回答是：怎么能去掉呢？天地间只有平常人最多。这四个字，圣贤要凭借它来教诲世人，君子要凭借它来约束自身。《尚书》中说“作善降之百祥，作不善降之百殃”，就是以得失来教诲世人。《论语》上说“疾没世而名不称”，又说“年四十而见恶”，这是以毁誉来教诲世人。这是圣人对待衰微之世的人心的办法。那些平常人，如果连这些都不畏惧并以此来约束自身，还会有什么事情做不出来呢？尧舜之所以能去掉这四个字，是因为他们做善事不是为了得到什么，完全忘掉了得失毁誉之心；桀纣也能去掉这四个字，敢于为非作歹，他们根本顾及不了得失毁誉。

【原文】

心要虚，无一点渣滓；心要实，无一毫欠缺。

【译文】

心要保持虚寂，不容许有一点点不干净的东西；心要保持充实，不容许有一点点欠缺。

【原文】

只大公了，便是包涵天下气象。

【译文】

只要能够做到大公无私，便具有了涵容天下万事万物的气象。

【原文】

士君子作人，事事时时只要个用心。一事不从心中出，便是乱举动；一刻心不在腔子里，便是空躯壳。

【译文】

士人君子为人处世，每时每刻、件件事都认真留心。如果一件事不认真留心，便会轻举妄动；一刻不加以用心，就会成为一个没有思想的空躯壳。

【原文】

古人也算一个人，我辈成底是甚什人？若不愧不奋，便是无志。

【译文】

古人也是人，和古人相比，我们这些人到底属于什么人？面对古人，如果不知羞耻、不知奋发上进，就是没有志向。

【原文】

圣、狂之分，只在苟、不苟两字。

【译文】

圣人与狂人的区别，就在为人处世随便、不随便上。

【原文】

余甚爱万籁无声，萧然一室之趋。或曰：“无乃太寂灭乎？”曰：“无边风月自在。”

【译文】

我非常喜欢在万籁俱静的时候，独自一人在空荡的室内徘徊。有人说：“这岂不是太寂寞无聊吗？”我回答说：“这里面自有无限美好的风情。”

【原文】

恕心养到极处，只看得世间人都无罪过。

【译文】

当宽恕之心修养达到了顶点的时候，就会觉得世上的人谁都没有罪过。

【原文】

物有以慢藏而失，亦有以谨藏而失者；礼有以疏忽而误，亦有以敬畏而误者。故用心在有无之间。

【译文】

东西有不用心存放而丢失的，也有因谨慎存放而丢失的；礼仪有因疏忽而出现差错的，也有因过于敬重而出现差错的。所以，人们应该在有意与无意之间下功夫。

【原文】

静者生门，躁者死户。

【译文】

虚静是保存生命的关键，躁动是走向死亡的起点。

【原文】

和气平心，发出来如春风拂弱柳，细雨润新苗，何等舒泰！何等感通！疾风、迅雷、暴雨、酷霜，伤损必多。或曰："不似无骨力乎？"余曰："譬之玉，坚刚未尝不坚刚，温润未尝不温润。"余严毅多，和平少，近悟得此。

【译文】

心平气和，表现出来犹如春风拂弱柳、细雨润新苗，这是多么舒畅泰然！多么痛快畅通！疾风、迅雷、暴雨、酷霜，伤损外物必定很多。有人说："这样不是显得太没骨力了吗？"我说："比如玉，坚硬未尝不坚硬，温润未尝不温润。"我这个人严肃刚毅多，温和平静少，近来体悟到了这一点。

【原文】

俭则约，约则百善俱兴；侈则肆，肆则百恶俱纵。

【译文】

勤俭就会节约，节约就能百善俱兴；奢侈就会放肆，放肆就会百恶俱纵。

【原文】

天下国家之存亡，身之生死，只系“敬”“怠”两字。敬则慎，慎则百务修举；怠则苟，苟则万事隳颓。自天子以至于庶人，莫不如此。此千古圣贤之所兢兢，而世人之所必由也。

【译文】

国家的存亡、人的生死，就在“敬”“怠”这两个字上。恭敬就会慎重，慎重做什么事都会成功；怠懈就会苟且，苟且做什么事都不会成功。上自天子，下至黎民百姓，无不如此。这也是千古以来圣贤之人兢兢业业，而世俗之人必须遵循的原因。

【原文】

道义心胸发出来，自无暴戾气象，怒也怒得有理。若说圣人不怒，圣人只是六情。

【译文】

道义从胸中发出来，自然没有凶暴乖戾的表现，即使有时发怒，也不失之于理。如果说圣人不发怒，就比正常人的七情少了一种，只是具有六情。

【原文】

气盛便没涵养。

【译文】

意气太盛，是没有涵养的表现。

【原文】

沉静非缄默之谓也。意渊涵而态闲正，此谓真沉静。虽终日言语，或千军万马中相攻击，或稠人广众中应繁剧，不害其为沉静，神定故也。一有飞扬动扰之意，虽端坐终日，寂无一语，而色貌自浮；或意虽不飞扬动扰，而昏昏欲睡，皆不得谓沉静。

【译文】

沉静并不是缄默。意念深藏含蓄而神态安闲端庄，这才是真正的沉静。做到了这一点，即使整天说话，或在千军万马中冲杀，或在稠人广众中忙于应酬，都不损害其沉静，这是因为神定的缘故。一旦产生了纷扰杂乱的意念，即使整天端坐，寂然不说一句话，但神色形貌却显露出来；或者即使没有纷扰杂乱的意念，却一副昏昏欲睡的神情，都不能称作沉静。

【原文】

大利不换小义，况以小利坏大义乎？贪者可以戒矣。

【译文】

大利换不来小义，更何况拿小利损害大义呢？贪婪的人要以此为戒。

【原文】

杀身者不是刀剑，不是寇仇，乃是自家心杀了自家。

【译文】

戕害自身的不是刀剑，也不是外来的敌人，而往往是自己的心杀掉了自己。

【原文】

心要实，又要虚。无物之谓虚，无妄之谓实。惟虚故实，惟实故虚。心要小，又要大。大其心，能体天下之物；小其心，不偾天下之事。

【译文】

心既要实，又要虚。心中没有外物就是虚，没有妄见就是实。心只有虚静才能充实，也只有充实才能虚静。心既要小，又要大。心大就能体察天下万物，心小就不会败坏天下之事。

伦　理

【原文】

宇宙内大情种，男女居其第一。圣王不欲裁割而矫拂之，亦不能裁割矫拂也。故通之以不可已之情，约之以不可犯之礼，绳之以必不赦之法，使纵之而相安相久也。圣人亦不若是之亟也，故五伦中父子、君臣、兄弟、朋友，笃了又笃，厚了又厚，惟恐情意之薄。惟男女一伦是圣人苦心处，故有别先自夫妇始。本与之以无别也，而又教之以有别，况有别者，而肯使之混乎？圣人之用意深矣。是死生之衢而大乱之首也，不可以不慎也。

【译文】

宇宙内大情种，男女居第一位。圣王不愿裁割和违反这种情感，实际上也不可能裁割和违反。所以用不可遏止的情来使他们往来交好，用不可违反的礼来约束他们，用不能赦免的法来纠正他们，这样即使男女之情任意发展，也能相安而长久。圣人也不是到此就为止了，所以五伦之中父子、君臣、兄弟、朋友这四伦，使其真诚更加真诚，笃厚更加笃厚，唯恐情意薄了。唯有男女这一伦，是圣人最煞费苦心的地方，所以男女有别先从夫妇开始。夫妇本来是无别的，而又教导他们要有别，何况那些应该有别的男女，哪能让他们相混呢？圣人的用意是很深的。这是因为男女关系是生死之路，是大乱与否的首要问题，不可以不慎重。

【原文】

人子之事亲也，事心为上，事身次之；最下，事身而不恤其心；又其下，事之以文而不恤其身。

【译文】

儿子侍奉父母，最重要的是体谅他们的心，其次是照料好他们的身体；再次一点的是只照料饮食而不体谅他们的心；最差的是只说空话而连他们的身体都不照料。

【原文】

进食于亲，侑而不劝；进言于亲，论而不谏；进侍于亲，和而不庄。亲有疾，忧而不悲；身有疾，形而不声。

【译文】

在侍奉父母吃饭时，只陪伴在身边使他们吃得高兴，而不要劝他们多吃；向父母提意见时，只讲道理，不要规谏；服侍父母起居时，态度和蔼而不要严肃呆板。父母有病时，心中忧伤但不要悲泣；自己有病时，顺其自然但不要声张。

【原文】

侍疾，忧而不食，不如努力而加餐。使此身不能侍疾，不孝之大者也。居丧，羸而废礼，不如节哀而慎终。此身不能襄事，不孝之大者也。

【译文】

侍奉生病的父母，忧愁得吃不下饭，不如尽力多加餐。如果因不吃饭自己也生了病而不能侍奉父母，这是最大的不孝。为父母居丧时，悲伤得瘦弱不堪，不能依丧礼行事，不如节制自己的悲哀情绪而谨慎地依礼办好父母的丧事。不能亲身办理丧事，这也是最大的不孝。

【原文】

雨泽过润，万物之灾也；恩宠过礼，臣妾之灾也；情爱过义，子孙之灾也。

【译文】

雨水过多，是万物的灾难；恩宠超过礼制，是臣子和妻妾的灾祸；情爱超越了义，是子孙后代的灾祸。

【原文】

友道极关系，故与君父并列而为五。人生德业成就，少朋友不得。君以法行，治我者也；父以恩行，不责善者也；兄弟怡怡，不欲以切偲伤爱；妇人主内事，不得相追随；规过，子虽敢争，终有可避之嫌；至于对严师，则矜持收敛而过无可见；在家庭，则狎昵亲习而正言不入。惟夫朋友者，朝夕相与，既不若师之进见有时，情理无嫌，又不若父子兄弟之言语有忌。一德亏，则友责之；一业废，则友责之。美则相与奖劝，非则相与匡救。日更月变，互感交摩，骎骎然不觉其劳且难，而入于君子之域矣。是朋友者，四伦之所赖也。嗟夫！斯道之亡久矣。言语嬉媟，樽俎妪煦，无论事之善恶，以顺我者为厚交；无论人之奸贤，以敬我者为君子。蹑足附耳，自谓知心；接膝拍肩，滥许刎颈。大家同陷于小人而不知，可哀也已！是故物相反者相成，见相左者相益。孔子取友，曰“直”“谅”“多闻”。此三友者，皆与我不相附会者也，故曰益。是故得三友难，能为人三友更难。天地间不论天南地北，缙绅草莽，得一好友，道同志合，亦人生一大快也。

【译文】

朋友之道，关系极为重大，因此与君臣、父子等并列为五伦。人生德业的进步、成就的取得，不能缺少朋友的帮助。君主根据法律行事，是治理我们的人；父亲以恩情行事，不可能把主要精力放在劝勉儿子努力向善的方面；兄弟之间和和乐乐，不会以切磋督促而伤害同胞之情；妻子主要做家务事，不能跟随在丈夫的身边规劝改过；儿子虽然敢于争辩，终究要避免不孝的嫌疑；至于面对严师，则会矜持收敛，不会让严师发现自己的过错；在家中，则狎昵亲爱，不会总是说那些劝人向善的大道理。只有朋友，朝夕相处，既不像进见老师那样有一定的时间，于情于理都无嫌猜，又不像父子兄弟那样说话时有忌讳。某一品德有欠缺，朋友就会责备；某一件事废辍，朋友就会规劝。正确的，就会相互劝勉；错误的，就会相互纠正。时间长了，互相感染切磋，进步很快而不觉得有什么劳累和困难，就自然地进入了君子的行列。因此说，朋友之道是其他四伦的依赖。唉！朋友之道的沦丧也很久了。朋友相处，不是开开玩笑，就是吃吃喝喝。不管事情是对还是错，顺着我的就是好朋友；不管人是贤还是不贤，尊敬我的就是君子。蹑足相随，附耳倾谈，自认为知心；促膝相许，拍肩盟誓，胡乱答应结为生死之交。大家同陷于小人之列而不知，真是可悲啊！物相反才能相成，意见不一致才能取长补短。孔子认为朋友之道是"直""谅""多闻"，正直、诚信、见闻广博的三种朋友，都不会随声附和，能对我有帮助，所以称为"益友"。能得到这三种朋友很难，能成为别人这样的朋友更难。天地间不论天南地北、官吏平民，得一志同道合好友，也是人生的一大快乐啊！

【原文】

长者有议论，唯唯而听，无相直也；有谘询，謇謇而对，无遽尽也。此卑幼之道也。

【译文】

长辈在谈话时，要恭敬而顺从地去听，不要提出质问；有所询问时，要慢慢地耐心回答，不要匆匆忙忙地一下就说完了。这是地位低的、年纪小的对待地位高的、年长者的态度。

【原文】

阳称其善以悦彼之心，阴养其恶以快己之意，此友道之大戮也。青天白日之下，有此魑魅魍魉之俗，可哀也已！

【译文】

当面称赞他的优点来让他高兴，背后纵容他的缺点来使自己快意，这是交朋友中最可恶的事情。青天白日之下，竟有如此见不得人的事，真是可悲啊！

【原文】

古称君门远于万里，谓情隔也。岂惟君门？父子殊心，一堂远于万里；兄弟离情，一门远于万里；夫妻反目，一榻远于万里。苟情联志通，则万里之外犹同堂共门而比肩一榻也。以此推之，同时不相知，而神交于千百世之上下亦然。是知离合在心期，不专在躬逢。躬逢而心期，则天下至遇也；君臣之尧舜，父子之文周，师弟之孔颜。

【译文】

古人说君门远于万里，这是指感情的距离太远。岂止君门如此？如果父子不同心，就同处一堂而远于万里；兄弟离情，就同在一门而远于万里；夫妻反目，就同在一榻而远于万里。假如情相连志相通，相距万里之外也如同堂共门、比肩一榻。以此类推，有的生在同一时代而互不了解，有的相距千百世而神交心通也是同样的道理。以此可知离合是指两心是否相期许，而不专指亲身相遇。亲身相遇加上两心相许，这是天下的至遇；君臣中的尧、舜，父子中的周文王、周公，老师弟子中的孔子、颜渊，就是至遇的典型。

【原文】

"隔"之一字，人情之大患。故君臣、父子、夫妇、朋友、上下之交，务去"隔"。此字不去，而不怨叛者未之有也。

【译文】

隔阂是人情交往的大患。所以，在君臣、父子、夫妇、朋友、上下的交往中，务必要去掉隔阂。不去掉隔阂而又不出现怨恨、背叛的事还不曾有过。

【原文】

仁者之家，父子愉愉如也，夫妇雍雍如也，兄弟怡怡如也，僮仆䜣䜣如也，一家之气象融融如也。义者之家，父子凛凛如也，夫妇嗃嗃如也，兄弟翼翼如也，僮仆肃肃如也，一家之气象栗栗如也。仁者以恩胜，其流也知和而和；义者以严胜，其流也疏而寡恩。故圣人之居家也，仁以主之，义以辅之，洽其太和之情，但不溃其防斯已矣。其井井然，严城深堑，则男女之辨也。虽圣人不敢与家人相忘。

【译文】

仁者之家，父子之间愉快舒畅，夫妇之间融洽和谐，兄弟之间和乐友爱，僮仆之间欣喜快乐，一家的气象融洽和睦。义者之家，父子之间严肃拘谨，夫妇之间敬谨严厉，兄弟之间庄重恭慎，僮仆之间恭敬谨慎，一家的气象严厉可畏。仁者以恩取胜，其弊端在于为求和而丧失原则；义者以严取胜，其弊端在于薄情寡恩。所以圣人处理家庭之事，以仁为主，以义为辅，使人的自然之情融洽和谐，但又不破坏礼仪就行了。使其井然有别，需严加防范的，就是男女之别。即使是圣人，在家人中也不敢忘记这点。

【原文】

父在居母丧，母在居父丧，以从生者之命为重。故孝子不以死者忧生者，不以小节伤大体，不泥经而废权，不徇名而害实，不全我而伤亲。所贵乎孝子者，心亲之心而已。

【译文】

父在居母丧或母在居父丧时，要以顺从活着的人的愿望为重。所以孝子不因为死者而使生者忧愁，不因为小节而伤大体，不固执于常理而不知权变，不为了名义而损害实质，不为了保全自己而伤害父母。孝子最可贵的，就是要把父母的心意当成自己的心意。

【原文】

或问："共事一人未有不妒者，何也？"曰："人之才能、性行、容貌、辞色，种种不同，所事者必悦其能事我者，恶其不能事我者。能事者见悦，则不能事者必疏。是我之见疏，彼之能事成之也，焉得不妒？既妒，安得不相倾？相倾，安得不受祸？故见疏者妒，妒其形己也；见悦者亦妒，妒其妒己也。""然则奈何？"曰："居宠，则思分而推之以均众；居尊，则思和而下之以相忘，人何妒之有？缘分以安心，缘遇以安命，反己而不尤人，何妒人之有？此入宫入朝者之所当知也。”

【译文】

有人问：“几个人共同侍奉一人时，没有不相互嫉妒的，为什么呢？”回答说：“人的才能、性行、容貌、言辞各不相同。被侍奉的人必然喜欢善于侍奉自己的人，厌恶不善于侍奉自己的人。侍奉得好的人得到爱悦，侍奉得不好的人一定被疏远。这样我之所以被疏远，是他的善于侍奉造成的，这怎么能不妒忌呢？既有妒忌，怎么能不相互倾轧排挤？相互倾轧排挤，怎么能不遭受祸害？所以，被疏远的人妒忌，是妒忌对方与自己形成明显的对照；受爱悦的也妒忌，妒忌对方妒忌自己。”“那么怎么办呢？”回答说：“居于受宠爱的地位，就要想着把这种宠爱分给大家均沾；居于高贵的地位，就要想着如何平易近人，使人能忘掉尊卑。这样，别人哪还会妒忌呢？安分守己使自己安心，认准机遇使自己安命，反思自己而不怨恨别人，哪里还会妒忌别人呢？这是在宫中和朝廷中的人应当知道的。”

【原文】

子弟生富贵家，十九多骄惰淫泆，大不长进。古人谓之豢养，言甘食美服，养此血肉之躯与犬豕等。此辈阘茸，士君子见之为羞，而彼方且志得意满，以此夸人。父兄之孽莫大乎是！

【译文】

生在富贵人家的子弟，大多都骄横懒惰、荒淫无度、不求上进。古人称之为“豢养”，是说用美味佳肴、华服美饰饲养这些与猪狗一样的行尸走肉。士人君子看见这种卑贱的人都感到可耻，而他们还志得意满，到处向人夸耀。作为父兄的罪孽没有比这更大的了。

【原文】

问安，问侍者，不问病者。问病者，非所以安之也。

【译文】

问候有病的人是否安康，要问服侍他的人，不要问病者本人。问病者本人，会使他感到不安。

【原文】

示儿云："门户高一尺，气焰低一丈。华山只让天，不怕没人上。"

【译文】

写了一首诗给儿子们："门户高一尺，气焰要低一丈。华山可与天比高，也不怕没人登上去。"

【原文】

门户可以托父兄，而丧德辱名，非父兄所能庇；生育可以由父母，而求疾蹈险，非父母所得由。为人子弟者，不可不知。

【译文】

门第、家业可以依赖父兄，但做出丧德辱名的事，却不是父兄所能庇护的；生育下来是父母决定的，但走上邪路做坏事，却是父母管不了的。作为子女不可不明白这些。

【原文】

家长，一家之君也。上焉者使人欢爱而敬重之，次则使人有所严惮，故曰严君。下则使人慢，下则使人陵，最下则使人恨。使人慢，未有不乱者；使人陵，未有不败者；使人恨，未有不亡者。呜呼！齐家岂小故哉？今之人皆以治生为急，而齐家之道不讲久矣！

【译文】

家长是一家之主。最好的家长受到子女的喜爱和敬重，较好的家长使子女感到有些畏惧，所以叫作“严君”。不好的家长被子女轻视或凌辱，最差的家长被子女所痛恨。家长被轻视的家庭没有不混乱的，家长被凌辱的家庭没有不破产的，家长被痛恨的家庭没有不亡家的。唉！治理好一个家庭难道能说是小事吗？现在的人们都为谋生而奔波，很久没有人讲治家之道了！

【原文】

儿女辈，常著他拳拳曲曲，紧紧恰恰，动必有畏，言必有惊，到自专时尚不可知。若使之快意适情，是杀之也。此愚父母之所当知也。

【译文】

对于子女，要经常教育他们小心谨慎、规规矩矩，行动必须有所畏惧、说话必须有所顾忌，即使这样，到他们独立生活时为人如何也还很难估计。如果让其随心所欲、任意放纵，那就是毁了他们。做父母的都应当明白这个道理。

【原文】

责人到闭口卷舌、面赤背汗时，犹刺刺不已，岂不快心？然浅隘刻薄甚矣！故君子攻人，不尽其过，须含蓄以余人之愧惧，令其自新，方有趣味，是谓以善养人。

【译文】

责备一个人，在他到了哑口无言、面红耳赤、汗流浃背的时候，仍然没完没了地数落，岂不痛快？但是，这样也太浅隘刻薄了！所以君子批评他人时，不要说尽他人的过错，而要留有余地，使他内心中感到羞愧和畏惧，让他改过自新，这样才有意义，这叫做以善养人。

【原文】

曲木恶绳，顽石恶攻，责善之言不可不慎也。

【译文】

曲木怕用绳墨来衡量，顽石怕用斧凿去雕琢，劝人向善的言语不可不慎重。

【原文】

恩礼出于人情之自然，不可强致。然礼系

体面，犹可责人；恩出于根心，反以责而失之矣。故恩薄可结之使厚，恩离可结之使固，一相责望，为怨滋深。古父子、兄弟、夫妇之间，使骨肉为寇仇，皆坐责之一字耳。

【译文】

恩德和礼节出于人情之自然，不可强求于他人。然而礼数关系着体面，还可以责备别人；而恩德根于内心，反而会因责备他人而失去。所以恩薄可以通过交结使之深厚，恩离可以通过交结使之牢固，一旦因责备他人而形成怨恨，就会怨恨日深。古代父子、兄弟、夫妇之间，骨肉成为寇仇，都是犯了"责"这个字。

【原文】

责善之道，不使其有我所无，不使其无我所有，此古人之所以贵友也。

【译文】

鼓励人向善，不要求他具备我本身也没有具备的品德和才能，也不让他没有我所具备的品德和才能，这是古人重视朋友的原因。

谈 道

【原文】

大道有一条正路，进道有一定等级。圣人教人只示以一定之成法，在人自理会；理会得一步再说与一步，其第一步不理会到十分，也不说与第二步。非是苦人，等级原是如此。第一步差一寸，也到第二步不得。孔子于赐，才说与他“一贯”，又先难他“多学而识”一语。至于仁者之事，又说：“赐也，非尔所及。”今人开口便讲学脉，便说本体，以此接引后学，何似痴人前说梦？孔门无此教法。

【译文】

大道有一条正路，进道有一定的等级。圣人教导人只指给人一套现成的方法，让学道的人自己去理解、体会。理会了一步，再说下一步，第一步不理会到十分，也不说给他第二步。这不是故意与人为难，而是进道的等级本来就是这样。第一步差一寸，也到不了第二步。孔子对于弟子端木赐，刚对他说：“我的道一以贯之。”又先问他：“你以为我是多学而识的人吗？”至于谈到仁者之事，孔子又说：“赐啊，这不是你所能达到的。”今人开口便讲学脉，便说本体，用此来教导后学，这和痴人说梦有什么不同呢？孔门学派中没有这种教法。

【原文】

有处常之五常，有处变之五常。处常之五常是经，人所共知；处变之五常是权，非识道者不能知也。不擒二毛不以仁称，而血流漂杵不害其为仁；“二子乘舟”不以义称，而管、霍被戮不害其为义。由此推之，不可胜数也。嗟夫！世无有识者，每泥于常而不通其变；世无识有识者，每责其经而不谅其权。此两人皆道之贼也，事之所以难济也。噫！非精义择中之君子，其谁能用之？其谁能识之？

【译文】

有处于正常环境的仁义礼智信，有处于权变之际的仁义礼智信。处常之仁义礼智信是常行的义理，人所共知；处变之仁义礼智信是权变之法，不识事理的人是不能理解的。春秋时宋国与楚国开战，宋襄公主张不俘虏年纪老了的敌人，但后世并不认为他是“仁”；而周武王伐纣时血流漂杵，但仍认为周武王是“仁”。卫宣公的两个儿子为了不拂逆父志而争死，并不能称为“义”；而周公杀管叔贬斥霍叔，不能不称为“义”。以此类推，这类事情不可胜数。唉！世上那些没有看清事物本质的人，每每拘泥于常态而不懂变化；世上那些不能理解有识之士的人，每每要求他们按常理办事而不理解他们的权变之法。这两种人都会损害道，所以事情也就难以成功。唉！不是精于义理而又能择其中道而行的君子，有谁能把常和变运用好？又有谁能识别何时用常何时用变呢？

【原文】

谈道者虽极精切，须向苦心人说，可使手舞足蹈，可使大叫垂泣，何者？以求通未得之心，闻了然透彻之语，如饥得珍馐，如旱得霖雨。相悦以解，妙不容言。其不然者，如麻木之肌，针灸终日尚不能觉，而以爪搔之，安知痛痒哉？吾窃为言者惜也。故大道独契，至理不言，非圣贤之忍于弃人，徒哓哓无益耳。是以圣人待问而后言，犹因人而就事。

【译文】

谈道的人即使能将事物的道理讲得极其精确明白，也必须向那些急于要了解这些道理的人去讲，让这些听了的人手舞足蹈、欢呼大叫，或泣涕俱下。为什么呢？这是因为他早就想寻求这些道理而不可得，听了这些透彻的议论，就如同饥者得美味，如同久旱逢甘雨一样。相谈以后，疑问解决，内心的高兴自然是不言而喻的。如果对不想听到这些道理的人去讲，就如同一个人的肌肉已经麻木，终日针灸，仍无知觉，而你只是用手去挠一挠，怎能使它知道痛痒呢？我很为那些谈道的人惋惜。所以大道独契，至理不言，不是圣贤不愿教诲人，而是多说了也毫无用处。所以圣人要等待别人发问才回答，并且因人而论事。

【原文】

庙堂之乐，淡之至也，淡则无欲，无欲之道与神明通；素之至也，素则无文，无文之妙与本始通。

【译文】

庙堂里的音乐，最为清淡，清淡就没有欲望，没有欲望才能与神明相通；最为朴素，就没有什么文采，没有文采的妙处在于它与本色相通。

【原文】

真器不修，修者伪物也；真情不饰，饰者伪交也。家人父子之间不让而登堂，非简也；不侑而饱食，非饕也，所谓真也。惟待让而入，而后有让亦不入者矣。惟待侑而饱，而后有侑而亦不饱者矣，是两修文也。废文不可为礼，文至掩真，礼之贼也，君子不尚焉。

【译文】

真正的器物不需修饰，修饰以后就成了伪物了。真情也不需粉饰，粉饰就是伪交了。家人父子之间，进屋时不必谦让，这不是简慢；吃饭时不必劝而吃饱，这不是贪吃，这就是"真"。只有等谦让后才进来，以后就会有谦让也不进来的人了；只有等劝吃后才吃饱，以后就会有劝吃也吃不饱的人了，这是双方都在文饰的缘故。废弃了应有的礼节就不合礼仪，过分了又会掩盖真情，这都是对礼有危害的东西，君子不崇尚这些。

【原文】

百姓得所，是人君太平；君民安业，是人臣太平；五谷丰登，是百姓太平；大小和顺，是一家太平；父母无疾，是人子太平；胸中无累，是一腔太平。

【译文】

老百姓能各得其所，君主就会安宁无事；君主和民众能安居乐业，朝廷官员就会安宁无事；五谷丰收，老百姓就太平无事；老少和睦，一家人就会安宁无事；父母没有疾病，做子女的就能安宁无事；心中无牵无挂，心境平和，人就会安宁无事。

【原文】

或问："圣人有可克之己否？"曰："惟尧、舜、文王、周、孔无己可克，其馀圣人都有己。任是伊尹的己，和是柳下惠的己，清是伯夷的己。志向偏于那一边便是己。己者，我也，不能忘我而任意见也，狃于气质之偏而离中也。这己便是人欲，胜不得这己，都不成个刚者。"

【译文】

有人问："圣人也有应该克制自己的地方吗？"回答说："只有尧、舜、文王、周公、孔子无可克制处，其余圣人都有要克制自己的地方。伊尹以天下为己任，柳下惠被称为'圣之和者'，伯夷被称为'圣之清者'，自己的志向偏向的一边就是己。己，也就是我。不能忘我而按照自己的想法去行事，也不能拘泥于气质的偏好而离开了'中'，这样的'己'就是人欲。战胜不了这个'己'，都不能成为刚强的人。"

【原文】

自然者，发之不可遏，禁之不能止。才说是当然，便没气力。然反之之圣，都在当然上做工夫，所以说勉然。勉然做到底，知之成功，虽一分数境界，到那难题试验处，终是微有不同。此难以形迹语也。

【译文】

所谓“自然”，就是事物生成以后不能抑制，禁止时也不能停止。才说是“当然”，就没有这么大的力量了。然而经过后天修养而达到至善之性的圣人，都是在“当然”上做工夫。所以说他们是尽力而为，尽力做到底，修养成为圣人，虽然和天生的圣人达到了同一境界，但遇到艰难困苦检验时，最终还会微有不同。这一点难以从形迹上讲清楚。

【原文】

尧、舜、周、孔之道，只是傍人情、依物理，拈出个天然自有之中行将去，不惊人，不苦人，所以难及。后来人胜他不得，却寻出甚高难行之事，玄冥隐僻之言，怪异新奇、偏曲幻妄以求胜，不知圣人妙处，只是个庸常。看《六经》、《四书》语言何等平易，不害其为圣人之笔，亦未尝有不明不备之道。嗟夫！贤智者过之，佛、老、杨、墨、庄、列、申、韩是已。彼其意见才是圣人中万分之一，而漫衍闳肆以至偏重而贼道。后学无识，遂至弃菽粟而餐玉屑，厌布帛而慕火浣，无补饥寒，反生奇病，悲夫！

【译文】

尧、舜、周公、孔子之道，只是遵循人情，依据物理，提出一个本来就有的中道并且去做，不使人震惊，也不使人受苦，所以难以达到。后来的人不能超过他们，便找出一些极难实行的事，用玄妙隐晦的语言，离奇怪异、偏曲虚妄，想以此取胜。殊不知圣人的妙处，只是个中庸寻常。观看《六经》、《四书》，语言是多么平易，丝毫无损于其为圣人之笔法，也不曾有不明确不完备的道理。唉！一些贤智之人太过分了。佛陀、老子、杨朱、墨子、庄子、列子、韩非之辈，他们的见解只不过是圣人的万分之一，却任意发挥，以至于偏重于某些方面而损害中庸之道。后来的学者见识浅薄，以至于抛弃五谷而去吃玉石粉末，厌弃丝绸布帛而羡慕火浣布，不仅无补于饥寒，反而会引发奇奇怪怪的病。真可悲啊！

【原文】

愚不肖者不能任道，亦不能贼道。贼道全是贤智。后世无识之人，不察道之本然面目，示天下以大中至正之矩，而但以贤智者为标的。世间有了贤智，便看底中道寻常，无以过人，不起名誉，遂薄中道而不为。道之坏也，不独贤智者之罪，而推崇贤智，其罪亦不小矣。《中庸》为贤智而作也。中足矣，又下个庸字，旨深哉！此难与曲局之士道。

【译文】

愚蠢和才能平庸的人，不能担负起道的大任，也不能损害道。损害道的人，都是一些才智超群的人。后世无知的人，没有明察道的本来面目，就向世人宣布至大至中至正的准则，只是以贤明睿智的人的意见为标准。世界上有了贤明睿智的人，便把中道看得很平常，认为没有什么超越常人的，也不能增加人的声誉，于是就看轻中道而不去实现。道的败坏，不只是贤明睿智的人的罪过，推崇他们的人罪过也不小。《中庸》是针对贤明睿智的人提出的,"中"本来已经足够了,又加了一个"庸"字,含意是很深的。这番道理很难向见识浅陋的人说清楚。

【原文】

学者只看得世上万事万物种种是道,此心才觉畅然。

【译文】

求学的人,只有明白了世上万事万物都是道的体现,才会心情舒畅。

【原文】

在举世尘俗中另识一种意味,又不轻与鲜能知味者尝,才是真趣。守此便是至宝。

【译文】

在尘世间能发现另一种趣味,却又不轻易让不知味道的人品尝,这才是真正的趣味。能够把握住它,便是获得了最宝贵的财富。

【原文】

五色胜则相掩,然必厚益之,犹不能浑然无迹,惟黑一染不可辨矣。故黑者,万事之府也，敛藏之道也。帝王之道黑，故能容保无疆；圣人之心黑，故能容会万理。盖含英采、韬精明、养元气、蓄天机，皆黑之道也，故曰："惟玄惟默。"玄，黑色也；默，黑象也。《书》称舜曰："玄德升闻。"《老子》曰："知其白，守其黑。"得黑之精者也。故外著而不可掩，皆道之浅者也。虽然，儒道内黑而外白，黑为体，白为用；老氏内白而外黑，白安身，黑善世。

【译文】

各种颜色都很鲜艳则会相互遮盖，而用任何颜色涂抹都不能遮盖住原有颜色做到浑然无迹。只有用黑色一染，就看不见其他颜色了。所以说，"黑"是万事聚集之处，是万物敛藏之道。帝王之道"黑"，所以能拥有天下；圣人之心"黑"，所以能融汇万理。包容精粹、蕴藏精明、培养元气、蓄藏天机，都是"黑"之道。所以说："惟玄惟默。"玄，就是黑的颜色；默，就是黑的表象。《书》称赞舜："玄德升闻（道德幽深，名声达于天地）。"《老子》说："知其白，守其黑（知道什么是洁白，却安守暗昧）。"这是得到了"黑"道的精髓。所以显露而不掩藏的，都是肤浅的道。虽然如此，儒道是内黑而外白，以黑为体，以白为用；老子之道是内白而外黑，以白安身，以黑善世。

【原文】

阳为客，阴为主；动为客，静为主；有为客，无为主；万为客，一为主。

【译文】

阳是次要方面，阴是主要方面；动是次要方面，静是主要方面；有是次要方面，无是主要方面；万物是次要方面，事理是主要方面。

【原文】

理路直截，欲路多岐；理路光明，欲路微暖；理路爽畅，欲路懊烦；理路逸乐，欲路忧劳。

【译文】

天理之路直截，人欲之路多崎岖；天理之路引导人趋向光明，人欲之路引导人坠入黑暗；天理之路让人清爽舒畅，人欲之路使人懊恼烦躁；天理之路让人安逸快乐，人欲之路使人忧虑劳神。

【原文】

人皆知异端之害道，而不知儒者之言亦害道也。见理不明，似是而非，或骋浮词以乱真，或执偏见以夺正，或狃目前而昧万世之常经，或徇小道而溃天下之大防，而其闻望又足以行其学术，为天下后世人心害良亦不细。是故，有异端之异端，有吾儒之异端。异端之异端真非也，其害小；吾儒之异端似是也，其害大。有卫道之心者，如之何而不辩哉？

【译文】

人们都知道异端邪说能够损害道，而不知儒者的言论也可以损害道。对真理的认识不明确，似是而非，或运用浮夸的言词来扰乱真相，或执持偏见来压倒正理，或拘于目前而使可行万世的原则混乱，或顺从于小的道理而使天下之大防溃毁，而其声望又足以使其学术流行，对天下后世人心造成的祸患的确不小。所以说有异端的异端，有儒家的异端。异端的异端，是真正错误的，它的害处小；儒家的异端，好像是正确的，它的害处大。有卫道之心的人，怎么能不分辨清楚呢？

【原文】

阳道生，阴道养。故向阳者先发，向阴者后枯。

【译文】

阳道有生育的功能，阴道有养育的功能。因此向阳的一面先发芽，向阴的一面后枯萎。

【原文】

禅家有理障之说。愚谓理无障，毕竟是识障。无意识心，何障之有？

【译文】

禅家有“理障”的说法。我认为真理是没有障碍的，归根结底是认识上的障碍。如果心静念空，哪里有什么障碍呢？

【原文】

道莫要于损己，学莫急于矫偏。

【译文】

道最关键的是克制自己，学最关键的是纠正偏差。

【原文】

七情总是个欲，只得其正了都是天理；五性总是个仁，只不仁了都是人欲。

【译文】

人的七情终究都是欲望，只要行得正就都是天理；人的五性终究都是仁义，如果不仁不义就都是人的私欲。

【原文】

天地万物，只到和平处，无一些不好。何等畅快！

【译文】

天地万物，只要能够做到心平气和，没有什么是不好的。这是多么的畅快啊！

【原文】

庄、列见得道理原著不得人为，故一向不尽人事。不知一任自然，成甚世界？圣人明知自然，却把自然阁起，只说个当然，听那个自然。

【译文】

庄子、列子的学说，认为自然规律不以人的意志为转移，所以一向不做人为的努力。却不知一切听凭自然，世界会成什么样子？圣人明明知道自然而然的道理，却又把自然放在一边，只强调当然，而听任自然。

【原文】

私恩煦感，仁之贼也；直往轻担，义之贼也；足恭伪态，礼之贼也；苛察岐疑，智之贼也；苟约固守，信之贼也。此五贼者，破道乱正，圣门

斥之。后世儒者往往称之以训世，无识也与？

【译文】

市私恩、报私惠是对仁的伤害；鲁莽轻率承担责任是对义的伤害；过于谦恭、虚伪作态是对礼的伤害；苛察与多疑是对智的歪曲；随便相约、固执坚守是对信的伤害。这五种行为败坏正道、扰乱正理，受到孔子信徒的斥责。而后世的儒家对此却往往称道，并用来劝勉世人，岂不是太无知了？

【原文】

道有二然，举世皆颠倒之。有个当然，是属人底，不问吉凶祸福，要向前做去；有个自然，是属天底，任你踯躅咆哮，自勉强不来。举世昏迷，专在自然上错用工夫，是谓替天忙，徒劳无益。却将当然底全不着意，是谓弃人道，成个甚人？圣贤看着自然可得底，果于当然有碍，定不肯受，况未必得乎？只把二然字看得真、守得定，有多少受用处！

【译文】

道有二“然”，举世都颠倒了。有个“当然”，是属于人为可以做到的，不问吉凶祸福，要尽力去做。有个“自然”，是属于上天决定的，任凭你如何努力、如何不满，也勉强不来。举世之人都昏惑迷乱，专在“自然”上错用功夫，这叫做替天忙，徒劳无益。却把那“当然”全不放在心上，这叫做抛弃人道，还能成什么人？圣贤看那些“自然”能够得到的，但如果对“当然”有妨碍，也一定不肯接受，况且未必能够得到呢？只要把“当然”、“自然”看得清、把持得定，有多少让人受益的地方啊！

【原文】

气盛便不见涵养。浩然之气，虽充塞天地间，其实本体闲定，冉冉口鼻中不足以呼吸。

【译文】

气太盛了就没有涵养。正大刚直之气，即使充满天地，它的根基其实是闲适平静的，不能够通过嘴和鼻子的慢慢呼吸得到它。

【原文】

有天欲，有人欲。吟风弄月，傍花随柳，此天欲也。声色货利，此人欲也。天欲不可无，无则禅；人欲不可有，有则秽。天欲即好底人欲，人欲即不好底天欲。

【译文】

有天欲，有人欲。吟风弄月，傍花随柳，这就是“天欲”。声色货利，这就是“人欲”。天欲不可没有，没有天欲就进入禅境；人欲不可有，有就入于污秽。天欲就是好的人欲，人欲就是不好的天欲。

【原文】

朱子云：“不求人知，而求天知。”为初学者言也。君子为善，只为性中当如此，或此心过不去。天知、地知、人知、我知，浑是不求底，有一求，心便是伪。求而不得，此念定是衰歇。

【译文】

朱熹说："不求人知，而求天知。"这是对初学者说的。君子做好事，只是因为本性就是这样，或是因为不这样做心中就过意不去。他们不求天知、地知、人知、我知。只要希望被知道，心就会变得虚伪。若是有所希求而得不到满足，为善之念就会衰减而趋于终止。

【原文】

以吾身为内，则吾身之外皆外物也。故富贵利达，可生可荣，苟非道焉，而君子不居。以吾心为内，则吾身亦外物也。故贫贱忧戚，可辱可杀，苟道焉，而君子不辞。

【译文】

把自己的身体当作内在世界，那么身体之外就是外物。因此富有、高贵、遂顺、显达，可以让人存活并获得荣耀，但如果背离了正道，君子就不看重这些。把自己的心灵当做内在世界，那么，自己的身体也成了外物。因此贫穷、卑贱、忧愁、悲戚，可以让人感到羞辱可以让人死去，但如果符合正道，正人君子也不会躲避。

【原文】

先难后获，此是立德立功第一个张主。若认得先难是了，只一向持循去，任千毁万谤也莫动心，年如是，月如是，竟无效验也只如是，久则自无不获之理。故工夫循序以进之，效验从容以俟之。若欲速，便是揠苗者，自是欲速不来。

【译文】

先经过艰难的努力然后才去考虑收获，这是想立德立功的人首先应当做到的。如果认识到开始是困难的，仍持之以恒地做下去，不管遭到多少毁谤也不动心，年年如此，月月如此，从头到尾没有效验也如此，时间长了自然没有无收获的道理。所以说功夫要循序渐进，而效验则要从容等待。若想速成，就是拔苗助长，欲速则不达。

【原文】

满腔子是恻隐之心，满六合是运恻隐之心处。君子于六合飞潜动植、纤细毫末之物，见其得所则油然而喜，与自家得所一般；见其失所则闵然而戚，与自家失所一般。位育念头如何一刻放得下？

【译文】

如果满腔都是恻隐之心，那么满天下都是运用恻隐之心的地方。君子对于天下的飞禽走兽、动物植物、纤细毫末之物，看到它们得到适宜的处所就会油然而喜，如同自己得到了一样；看见它们失去了适宜的处所就悯然而悲，与自己失去了一样。希望万物都能安其所、遂其生的念头，怎么能放得下一刻呢？

【原文】

万物生于性，死于情。故上智去情，君子

正情，众人任情，小人肆情。

【译文】

万物生于性，死于情。所以智慧高的人去掉情，品德高的人矫正情，一般的人放任情，小人放纵情。

【原文】

人一生不闻道，真是可怜！

【译文】

一个人一生对道一无所知，那真是太可怜了。

【原文】

"己欲立而立人，己欲达而达人"，便是肫肫其仁，天下一家滋味。然须推及鸟兽，又推及草木，方充得尽。若父子兄弟间便有各自立达、争先求胜的念头，更那顾得别个？

【译文】

"自己想自立于世，也应帮助他人以自立；自己想通达，也应让别人通达"，这是诚挚的仁心，有天下一家的味道。但是这种仁心还要扩充到鸟兽和花木，然后才能算是圆满。如果父子兄弟之间，各自都只想自己立达，争先求胜，哪还能顾得上别人呢？

【原文】

天德只是个无我，王道只是个爱人。

【译文】

最崇高的德行就是无我，以仁义治天下的王道就是爱人。

【原文】

道是第一等，德是第二等，功是第三等，名是第四等。自然之谓道，与自然游谓之道士。体道之谓德，百行俱修谓之德士。济世成物谓之功。一味为天下洁身著世谓之名。一味为自家立言者亦不出此四家之言。下此不入等矣。

【译文】

道是第一等，德是第二等，功是第三等，名是第四等。自然叫做道，与自然交游的叫做得道之士。能体现道的叫做德，各种品德都修养很高的人叫做修德之士。救济世人，成就他物叫做功。一心为了天下而又保持自己的清白，因而闻名天下的人叫做名士。一心要建立自己学说的人，也不会超出道、德、功、名这四类。除此以外就不入等了。

【原文】

弘毅，坤道也。《易》曰“含弘光大”，言弘也；“利永贞”，言毅也。不毅不弘，何以载物？

【译文】

刚强果断是坤道。《易经》中说“恩德广被，宽厚仁慈”，就是弘；“宜于永远恪守正道”，就是毅。不能做到“毅”也不能做到“弘”，怎么能够承载万物呢？

【原文】

圣贤学问是一套，行王道必本天德；后世学问是两截，不修己只管治人。

【译文】

圣贤的学问是完整的一套，行王道必须以天德为根本；后世的学问修己和治人是完全脱节的，不加强自身修养，只是想如何去管治他人。

【原文】

自非生知之圣，未有言而不思者。貌深沉而言安定，若蹇若疑，欲发欲留。虽有失焉者，寡矣；神奋扬而语急速，若涌若悬，半跆半晦，虽有得焉者，寡矣。夫一言之发，四面皆渊阱也。喜言之则以为骄，戚言之则以为懦，谦言之则以为谄，直言之则以为陵，微言之则以为险，明言之则以为浮。无心犯讳，则谓有心之讥；无为发端，则疑有为之说。简而当事，曲而当情，精而当理，确而当时，一言而济事，一言而服人，一言而明道，是谓修辞之善者。其要有二：曰澄心，曰定气。余多言而无当，真知病本云云，当与同志者共改之。

【译文】

如果不是天生的圣人，没有说话时不需要思考的。外貌深沉，言谈安定，好像言辞不顺畅，好像有所疑虑，欲言又止。这样做即使有失误，也比较少。神气昂扬，语速过快，口若悬河，半通不通，这样做即使有正确的言论，也比较少。说出一句话，四面都是陷阱。喜欢发表言论别人以为你骄傲；不爱说话别人以为你懦弱；语言谦卑别人以为你谄媚；直言直语别人以为你盛气凌人；言词隐晦别人以为你阴险；明说出来别人又认为你肤浅。无心犯了忌讳，别人则认为你有心在讥讽；无目的的话，别人则怀疑是有目的在说。说话能够简单而符合事实，委婉而符合人情，精炼而符合事理，确当而适合时宜，一句话就能办成事，一句话就能使人信服，一句话就能讲明道理，这就是善于讲话的人。想达到这个标准，要领有两点：一是静下心，二是沉住气。我这个人平时话多而不恰当，现在真正了解到病根就在上面讲的这个道理上，我要和志同道合的人一起改正它。

【原文】

知彼知我，不独是兵法，处人处事一些少不得底。

【译文】

知道对方，了解自己，这不仅仅是兵家的法则，处人处事时一点也不可缺少。

【原文】

静中真味至淡至冷，及应事接物时，自有

一段不冷不淡天趣。只是众人习染世味十分浓艳，便看得他冷淡。然冷而难亲，淡而可厌，原不是真味，是谓拨寒灰、嚼净蜡。

【译文】

静中的真滋味是至淡、至冷的，到了待人接物时，自然有一种不冷不淡的情趣。只是由于众人沾染世俗习气太重，才不以为然。但是过冷就让人难以亲近，过淡就会令人讨厌，这并不是“静”的真味道，而是像拨冷灰、嚼净蜡一样毫无任何味道。

【原文】

三氏传心要法，总之不离一“静”字。下手处皆是制欲，归宿处都是无欲，是则同。

【译文】

儒、释、道三家传心的基本方法，都离不开一个“静”字。都是先从克制欲望入手，都是以去掉欲望告终，这些都是相同的。

【原文】

天地间道理，如白日青天；圣贤心事，如光风霁月。若说出一段话，说千解万，解说者再不痛快，听者再不惺憁，岂举世人皆愚哉？此立言者之大病。

【译文】

天地间的道理就像白日青天，圣人的心事就像光风霁月。如果说了一段话，做出千万种解释，解说的人还觉得没有说透，听的人也听不明白，难道举世之人都是蠢人？这是著书立说之人的一大弊病。

【原文】

正大光明，透彻简易，如天地之为形，如日月之垂象，足以开物成务，足以济世安民，达之天下万世而无弊，此谓天言。平易明白，切近精实，出于吾口而当于天下之心，载之典籍而裨于古人之道，是谓人言。艰深幽僻，吊诡探奇，不自句读不能通其文，通则无分毫会心之理趣；不考音韵不能识其字，识则皆常行日用之形声，是谓鬼言。鬼言者，道之贼也，木之孽也，经生学士之殃也。然而世人崇尚之者何？逃之怪异足以文凡陋之笔，见其怪异易以骇肤浅之目。此光明平易大雅君子为之汗颜泚颡，而彼方以为得意者也。哀哉！

【译文】

正大光明、透彻简易，如同天地之成形、日月之垂象，足以揭示万物真相，使其各得所宜，足以达到济世安民的目的，流传到天下万世也无任何弊端，这叫做天言。平易明白、切近事理、精辟实在，从我口中说出而符合天下人的心意，载入典籍对古人讲的道理又有所补益，这叫做人言。艰深幽僻、怪诞奇异，不仔细研究句读就不能读通他的文章，读通了也没有符合人心的理趣；不考

察音韵就不能认识他的文字,认清了都是日常通用的字,这叫做鬼言。鬼言,是害道的东西,如同树木长出的多余枝杈,这对学习经典的人来说真是祸害。然而世人崇尚这些鬼言,这是为什么呢?因为这些怪异的文词可以文饰那些平凡浅陋的文章,看到怪异的文词又会使那些见识肤浅的人惊讶。这真让那些运用光明正大和平易明白的语言的正人君子为之汗颜,而那些运用鬼言的人还洋洋自得,真是可悲啊!

【原文】

世间物一无可恋,只是既生在此中,不得不相与耳。不宜着情,着情便生无限爱欲,便招无限烦恼。

【译文】

天地间的万物,没有一种是可以留恋的,只是由于生存在这个世上,不得不与之相处。但不应动情,动情就会产生无限的眷爱和欲望,就会引来无穷无尽的烦恼。

【原文】

安而后能虑,止水能照也。

【译文】

只有安静下来后才能用心思考,只有静止的水面才能照出物体的影子。

【原文】

君子之于事也,行乎其所不得不行,止乎其所不得不止;于言也,语乎其所不得不语,默乎其所不得不默。尤悔庶几寡矣。

【译文】

君子做事时，一定要到确实需要做的时候才做，确实需要停止的时候才停止；说话时，说那些必须要说的话，在需要沉默的时候才沉默。这样，过失与懊悔就少了。

【原文】

诚与才合，毕竟是两个，原无此理。盖才自诚出，才不出于诚，算不得个才，诚了自然有才。今人不患无才，只是讨一诚字不得。

【译文】

诚信与才华可以相结合，但两者毕竟是有区别的，本来是没有这个道理的。因为才华出自诚信，才华如果不是出自诚信，就算不上是真正的才华，有诚信自然会有才华。现在的人所缺少的并不是才华，而是缺少诚信。

【原文】

断则心无累。或曰："断用在何处？"曰："谋后当断，行后当断。"

【译文】

办事果断，心中就不会有所牵累。有人问："果断用在什么地方？"我回答说："谋划之后应决断，行动后要果断。"

【原文】

吾党望人甚厚，自治甚疏，只在口吻上做

工夫，如何要得长进？

【译文】

我们常常对别人的要求过多，而对自己的要求却很少，只是在嘴巴上下功夫，这样能有什么长进？

【原文】

说自然是第一等话，无所为而为。说当然是第二等话，性分之所当尽，职分之所当为。说不可不然是第三等话，是非毁誉是已。说不敢不然是第四等话，利害祸福是已。

【译文】

说“自然”是第一等话，看似无所作为却能在不知不觉中成功。说“当然”是第二等话，这意味着出于本性应当尽力，按照职责应当做好。说“不可不然”是第三等话，因为这只关系到个人的是非毁誉。说“不敢不然”是第四等话，因为这只关系到个人的利害祸福。

【原文】

信知困穷、抑郁、贫贱、劳苦是我应得底，安富尊荣、欢欣如意是我侥来底，胸中便无许多冰炭。

【译文】

真正能够明白困穷抑郁、贫贱劳苦是我本来应得的，安富尊荣、欢欣如意是我侥幸得到的，胸中就不会有那么多的不平了。

【原文】

仁以为己任，死而后已，此是大担当。老者衣帛食肉，黎民不饥不寒，此是大快乐。

【译文】

把实行仁道看做自己的重任，死而后已，这是大担当。让老年人有丝织的衣服穿、有肉吃，使老百姓不遭受饥饿和寒冷，这是大快乐。

【原文】

世之欲恶无穷，人之精力有限，以有限与无穷斗，则物之胜人不啻千万，奈之何不病且死也？

【译文】

世上的欲望和罪恶无穷，人的精力有限，以有限的精力同无穷的欲望和罪恶相斗，外物胜过人的地方不止千万，这样人又怎能不生病而且死去呢？

【原文】

敬事鬼神，圣人维持世教之大端也。其义深，其功大，但自不可凿求，不可道破耳。

【译文】

恭敬侍奉鬼神，这是圣人维持世俗教化的根本。它的意义深远，它的功效很大，但不可坐实，不可说破。

【原文】

以虚养心，以德养身，以善养人，以仁养天

下万物，以道养万世，养之义大矣哉！

【译文】

用“虚”涵养自己的心，用“德”涵养自己的身，用“善”涵养他人，用“仁”涵养天下万物，用“道”涵养万世，涵养的意义真重大啊！

【原文】

有杀之为仁，生之为不仁者；有取之为义，与之为不义者；有卑之为礼，尊之为非礼者；有不知为智，知之为不智者；有违言为信，践言为非信者。

【译文】

有剥夺他人生命而符合仁爱，保全他人生命却不符合仁爱的；有获取而符合正义，给予却违背正义的；有轻贱别人而合乎礼，尊重别人却违背礼的；有不知而算得上聪明，有知却被认为是愚蠢的；有违背诺言而被认为守信，践行诺言却被看做不守信的。

【原文】

法是死底，令人可守；道是活底，令人变通。贤者持循于法之中，圣人变易于法之外。自非圣人，而言变易，皆乱法也。

【译文】

法是死的，让人可以坚守；道是活的，让人能够变通。贤人在法之中循规蹈矩，圣人在法之外变通改变。如果不是圣人，却谈变通改变，都是扰乱法的行为。

【原文】

人事就是天命。

【译文】

尽人事就是服从天命。

【原文】

天地间惟无无累，有即为累。有身则身为我累，有物则物为我累。惟至人则有我而无我，有物而忘物，此身如在太虚中，何累之有？故能物我两化。化则何有何无？何非有何非无？故二氏逃有，圣人善处有。

【译文】

天地间只有做到“无”才会无累，保持“有”就会有累。有自身那么我就会为自身所累，有外物那么我就会为外物所累。只有道德极高尚的人能够做到有我而无我、有物而忘物，自身如在太虚之中，还有什么可累的呢？所以能够泯灭物我之别。能够物我同化，还有什么有、无之辨？还有什么非有、非无之别？所以释、道逃避“有”，而儒家圣人善于把握“有”。

【原文】

知费之为省，善省者也；而以省为省者愚，其费必倍。知劳之为逸者，善逸者也；而以逸为逸者昏，其劳必多。知苦之为乐者，善乐者也；而以乐为乐者痴，一苦不返。知通之为塞者，善塞者也；而以塞为塞者拙，一通必竭。

【译文】

知道花费其实就是节省，这是善于节省的人；而把小小的节省当做真正的节省的人愚蠢，他的花费必定加倍。知道劳累其实就是安逸，这是善于追求安逸的人；而把一时的安逸当做长远的安逸的人昏聩，他付出的辛劳必定会增多。知道受苦其实就是享乐，这是善于追求享乐的人；而把暂时的享乐当做长久的享乐的人痴迷，他会因此而受苦终生。知道疏通其实就是堵塞，这是善于堵塞的人；而把眼下的堵塞当做持久的堵塞的人笨拙，其结果是一旦疏通起来必定会干涸。

【原文】

百姓冻馁，谓之国穷；妻子困乏，谓之家穷；
气血虚弱，谓之身穷；学问空疏，谓之心穷。

【译文】

老百姓受冻挨饿，这是国家穷困；妻子儿女困苦而缺衣少食，这是家庭穷困；气血虚弱，这是身体欠佳；学问空疏，这是心灵贫乏。

卷二 内篇 乐集

修 身

【原文】

率真者无心过，殊多躁言轻举之失；慎密者无口过，不免厚貌深情之累。心事如青天白日，言动如履薄临深，其惟君子乎？

【译文】

直率真诚的人，内心没有过错，只是多有说话浮躁、轻举妄动的过失；谨慎周密的人，说话没有过错，但不免有外貌厚重、城府很深的嫌疑。心事如青天白日一样的明朗，言语和行动如履薄冰、如临深渊一样的谨慎，大概只有君子才能做到吧？

【原文】

沉静最是美质，盖心存而不放者。今人独居无事，已自岑寂难堪，才应事接人，便任口恣情，即是清狂，亦非蓄德之器。

【译文】

沉静是最好的品质，这是因为沉静的人心有所存而不放任自流。而今人独居无事时，往往寂寞难以忍受，刚刚与人与事接触，就信口开河、纵情而为，这就是轻狂，也不是真正有道德修养的人。

【原文】

攻己恶者，顾不得攻人之恶。若哓哓尔雌黄人，定是自治疏底。

【译文】

努力克服自己缺点的人，顾不得去指责别人的过失。如果一天到晚喋喋不休地随意指责他人，肯定是自身修养很差。

【原文】

大事、难事看担当，逆境、顺境看襟度，临喜、临怒看涵养，群行、群止看识见。

【译文】

大事、难事面前可以看出一个人是否敢于担负起责任，逆境、顺境中可以看出一个人的胸怀度量，遇到令人高兴或恼怒的事可以看出一个人的修养如何，同众人在一起共事可以看出一个人见识的高低。

【原文】

身是心当，家是主人翁当，郡邑是守令当，九边是将帅当，千官是冢宰当，天下是天子当，道是圣人当。故宇宙内几桩大事，学者要挺身独任，让不得人，亦与人计行止不得。

【译文】

管理身的事由心来担当，管理家的事由户主来担当，管理郡邑的事由守令来担当，守卫九边的事由将帅来担当，管理众多官吏的事由冢宰来担当，治理天下的事由天子来担当，弘扬道的重任由圣人来担当。因此宇宙内的几桩大事，学者要能挺身而出独自担当，不能谦让，也不能和别人一起考虑进退。

【原文】

人生得有馀气，便有受用处。言尽口说，事尽意做，此是薄命子。

【译文】

人生在世要留有余地，就会有受益之处。一开口就把什么话全都说完，做事也不留余地，这是短命鬼。

【原文】

清人不借外景为襟怀，高士不以尘识染情性。

【译文】

清雅之人不需借助外部环境来涵养襟怀，高洁之士不会为世俗平庸见识而改变性情。

【原文】

才有一段公直之气，而出言做事便露圭角，是大病痛。

【译文】

刚刚有一点公正刚直之气，说话做事就锋芒毕露，这是一大弊病。

【原文】

讲学论道于师友之时，知其心术之所藏何如也；饬躬励行于见闻之地，知其暗室之所为何如也。然则盗跖非元憝也，彼盗利而不盗名也。世之大盗，名利两得者居其最。

【译文】

在和老师、朋友讲学论道的时候，要知道他心中藏的是什么想法；别人在听得见、看得见的地方努力修养品德的时候，要知道他在别人看不见的地方所作所为是怎样的。然而盗跖并非是元凶，他只是盗利而不盗名。世上的大盗，名利两得者是罪过最大的。

【原文】

圆融者，无诡随之态；精细者，无苛察之心；方正者，无乖拂之失；沉默者，无阴险之术；诚笃者，无椎鲁之累；光明者，无浅露之病；劲直者，无径情之偏；执持者，无拘泥之迹；敏练者，无轻浮之状。此是全才。有所长而矫其长之失，此是善学。

【译文】

通达事理、办事灵活的人没有妄随人意的姿态，精明心细的人没有苛刻察验的心态，正直的人没有乖张执拗的过失，深沉缄默的人没有阴险奸诈的心术，诚实真挚的人没有粗鲁愚钝的缺点，光明正大的人没有浅露的毛病，刚劲直率的人没有任意而为的偏差，执著持正的人没有拘泥的行迹，敏捷练达的人没有轻浮的样子：这就是全才。身有所长而又能矫正其所长带来的过失，就是善于学习。

【原文】

少年之情，欲收敛不欲豪畅，可以谨德；老人之情，欲豪畅不欲郁阏，可以养生。

【译文】

年轻人的性情，应收敛而不应豪放不羁，这样能够使自己的道德严谨；老年人的性情，要豪放不要抑郁，这样可延年益寿。

【原文】

广所依不如择所依，择所依不如无所依。无所依者，依天也。依天者，有独知之契，虽独立宇宙之内而不谓孤。众倾之、众毁之而不为动，此之谓男子。

【译文】

广泛地依赖外物，不如有所选择地依赖；有所选择地依赖，不如无所依赖。无所依赖的人，是依天而立的人。依天而立的人必然有了解他的契友，这样的人即使独立于宇宙之内也不能说他是孤独的。众人都来倾轧他、诽谤他，他也不会为其所动，这种人才是真正的男子汉。

【原文】

精明也要十分，只须藏在浑厚里作用。古今得祸，精明人十居其九，未有浑厚而得祸者。

今之人惟恐精明不至，乃所以为愚也。

【译文】

精明也要有十分，只是需要藏在淳朴老实中发挥作用。自古至今遭遇祸患的人，十分之九都是精明的人，没有淳朴老实而招来祸患的。现在的人唯恐精明得不够，这实际是愚蠢。

【原文】

分明认得自家是，只管担当直前做去。却因毁言辄便消沮，这是极无定力底，不可以任天下之重。

【译文】

能够明确断定自己是正确的，就勇敢地担当起来努力去做。可是却因遇到诽谤就消极退缩、垂头丧气，这是缺乏坚定信念的表现，这种人不能肩负国家的重担。

【原文】

小屈以求大伸，圣贤不为。吾道必大行之日然后见，便是抱关击柝，自有不可枉之道。松柏生来便直，士君子穷居便正。若曰在下位、遇难事，姑韬光忍耻以图他日贵达之时，然后直躬行道，此不但出处为两截人，即既仕之后，又为两截人矣。又安知大任到手不放过耶？

【译文】

忍受小的屈辱以求大的伸展，圣贤不这样做。我信守的道如果必须等待我发达之日才能显现出来，那么这只是托辞。即使是守门的小吏、敲打木梆的巡夜人，也有他心中的不可屈枉之道。松柏生来就是直的，道德高尚的人在穷困的时候也是正直的。如果说居于低下的地位、遇到困难的事情就暂时韬光养晦、忍受耻辱，以求将来贵达之时躬行正道，这不但最初就是两截人，即使是做官以后，也容易变成两截人。又怎么知道你担当大任的时候，不采取小屈以求大伸的手法呢？

【原文】

大其心，容天下之物；虚其心，受天下之善；平其心，论天下之事；潜其心，观天下之理；定其心，应天下之变。

【译文】

心胸宽阔，能容纳天下万物；谦虚谨慎，能够接受天下善事；平心静气，能够畅谈天下大事；专心致志，能够纵观天下的道理；坚定信心，能够适应天下的变化。

【原文】

称人之善，我有一善，又何妒焉？称人之恶，我有一恶，又何毁焉？

【译文】

称赞别人的善行，自己也有了一善，为什么要去嫉妒别人呢？指责别人的过失，自己也有了一种过失，为什么要去诋毁别人呢？

【原文】

善居功者，让大美而不居；善居名者，避大名而不受。

【译文】

善于获取功名的人，把最大的功名先让给别人而不据为己有；善于拥有荣誉的人，回避最高的名誉而不接受。

【原文】

善者不必福，恶者不必祸，君子稔知之也，宁祸而不肯为恶；忠直者穷，谀佞者通，君子稔知之也，宁穷而不肯为佞。非但知理有当然，亦其心有所不容已耳。

【译文】

做好事的人不一定得福，做坏事的人不一定得祸，这个道理君子是熟知的，但君子宁肯受祸也不肯做坏事；忠厚正直的人穷困，阿谀奉承的人通达，这个现象君子是熟知的，但君子宁肯穷困也不肯做阿谀奉承之人。这样做不只是理所当然，就是自己的心也不容许自己做那些不合心意的事。

【原文】

攻我之过者，未必皆无过之人也。苟求无过之人攻我，则终身不得闻过矣。我当感其攻

我之益而已，彼有过无过何暇计哉？

【译文】

指责我缺点的人，未必都是没有过失的人。假如只有没有过失的人才能指责我的过失，那么终身都不会听到别人指出自己的过失了。我应当感谢指责我过失的人给我带来的好处，至于他本身有没有过失，何必去计较呢？

【原文】

恬淡老成人，又不能俯仰一世，便觉干燥；圆和甘润人，又不能把持一身，便觉脂韦。

【译文】

恬淡无欲、老成持重的人，待人接物不够圆滑，便会让人觉得枯燥。圆通和顺、让人舒服的人，又不能坚持原则，便会让人觉得圆滑。

【原文】

做人要做个万全。至于名利地步，休要十分占尽，常要分与大家，就带些缺绽不妨。何者？天下无人己俱遂之事，我得人必失，我利人必害，我荣人必辱，我有美名人必有愧色。是以君子贪德而让名，辞完而处缺，使人我一般，不哓哓露头角、立标臬，而胸中自有无限之乐。孔子谦己，尝自附于寻常人，此中极有意趋。

【译文】

做人要做万全之人。至于名利，千万不要都自己占尽，要常常分一些给大家，哪怕自己有些缺欠也没什么关系。为什么呢？天下没有自己和别人都能顺心满意的事情，我有所得他人必有所失，我获利他人必受损害，我得到荣耀他人必遭羞辱，我有美名他人必有愧色。因此君子要在道德上多追求而辞让名，拒绝个人名利方面的完满，使自己和别人一样，不争着显露头角，不成为别人的箭靶，胸中自然有无限快乐。孔子很谦虚，把自己列入寻常人的行列，这中间的道理是大有所指的。

【原文】

世人喜言无好人，此孟浪语也。今且不须择人，只于市井稠人中聚百人而各取其所长，人必有一善，集百人之善，可以为贤人；人必有一见，集百人之见，可以决大计。恐我于百人中未必人人高出之也，而安可忽匹夫匹妇哉？

【译文】

世上的人都爱说："这世界没有好人。"这是很鲁莽、冒失的说法。现在你不必特意挑选人，只要在大街广众之中找出一百个人，各取他们的所长，每人必有一种优点，集中百人的长处就可以成为一个贤人。每个人必有一个正确的见解，集中百人的见解就可以决定大计。恐怕我和这一百人相比，未必能胜过每个人，怎么可以小看那些普通的男女百姓呢？

【原文】

学欲博，技欲工，难说不是一长，总较作人只是够了便止。学如班、马，字如钟、王，文如曹、刘，诗如李、杜，铮铮千古知名，只是个小艺习，所贵在作人好。

【译文】

学问要广博，技艺要精巧，很难说不是一个长处，但和做人比较起来看，学问、技艺只要够用就行了。学问如班固、司马迁，书法如钟繇、王羲之，文章如曹植、刘桢，诗如李白、杜甫，这些人名声响亮，千古知名，但都只是小技艺，更可贵的在于会做人。

【原文】

到当说处，一句便有千钧之力，却又不激不疏，此是言之上乘。除外虽十缄也不妨。

【译文】

到应当说话的时候，说一句话就有千钧之力，却又不过分偏激或粗疏，这是最好的说话方法。如果不能做到这样，还是缄口不言为好。

【原文】

心要常操，身要常劳。心愈操愈精明，身愈劳愈强健，但自不可过耳。

【译文】

心要经常思考问题，身体要经常劳动。心越思考问题越精明，身体越劳动越强健，但是不能过分。

【原文】

士君子之偶聚也，不言身心性命，则言天下国家；不言物理人情，则言风俗世道；不规目前过失，则问平生德业。傍花随柳之间，吟风弄月之际，都无鄙俗媟慢之谈，谓此心不可一时流于邪僻，此身不可一日令之偷惰也。若一相逢，不是亵狎，便是乱讲，此与仆隶下人何异？只多了这衣冠耳。

【译文】

士君子偶尔聚在一起，不谈身心性命的修养，就要谈天下国家的大事；不谈物理人情，就要谈风俗世道；不规劝眼前的过失，就要询问平生的德业。即使是傍花随柳之间、吟风弄月之际，也没有粗野庸俗、邪狎轻慢的言词，这就是说心不能一刻流于邪僻，身不可一日让它怠惰。如果一相逢，不是亵狎，就是乱讲，这和仆隶下人有什么区别？只是多了这身儒者衣冠而已。

【原文】

作人要如神龙，屈伸变化，自得自如，不可为势利术数所拘缚。若羁绊随人，不能自决，只是个牛羊。然亦不可哓哓悻悻。故大智上哲看得几事分明，外面要无迹无言，胸中要独往独来，怎被机械人驾驭得？

【译文】

做人要如同神龙，屈伸变化，自得自如，不被势利术数所拘束。如果受他人束缚，不能自己做出决定，那么只是像牛羊之类的动物。但是也不可争辩不休、愤恨不平。因此大智上哲之人连隐微的事都看得很清楚，做事时外表上没有痕迹、很少说话，心里面要独往独来，这样怎么会被机诈的人驾驭呢？

【原文】

只尽日点检自家，发出念头来果是人心？果是道心？出言行事果是公正？果是私曲？自家人品自家定了几分，何暇非笑人？又何敢喜人之誉己耶？

【译文】

只有每天都反省检查自己，心中产生的念头，是出于私心，还是符合公理？出言行事是公正的，还是私曲的？自己的人品，自己就可评定为几分，这样的话，哪还有什么闲暇去指责和嘲笑别人？又怎能喜欢别人称赞自己呢？

【原文】

往见“泰山乔岳以立身”四语，甚爱之，疑有未尽。因推广为男儿八景云：“泰山乔岳之身，海阔天空之腹，和风甘雨之色，日照月临之目，旋乾转坤之手，磐石砥柱之足，临深履薄之心，玉洁冰清之骨。”此八景予甚愧之，当与同志者竭力从事焉。

【译文】

从前我看见“泰山乔岳以立身”四句话，很是喜爱，但感觉意思没有表达完全，就推而广之写成男儿立身“八景”：“泰山乔岳之身，海阔天空之腹，和风甘雨之色，日照月临之目，旋乾转坤之手，磐石砥柱之足，临深履薄之心，玉洁冰清之骨。”对着这“八景”，我感到很惭愧，应当与志同道合的人努力按照这“八景”去做。

【原文】

求人已不可，又求人之转求；徇人之求已不可，又转求人之徇人；患难求人已不可，又以富贵利达求人，此丈夫之耻也。

【译文】

求人已经不可，又托人转求他人；屈从别人之求已经不可，又转求他人来屈从别人之求；在患难时求人已经不可，又以富贵利达求人，这是大丈夫的耻辱。

【原文】

"有诸己而后求诸人，无诸己而后非诸人"，固是藏身之恕；有诸己而不求诸人，无诸己而不非诸人，自是无言之感。《大学》为居上者言，若士君子守身之常法，则余言亦蓄德之道也。

【译文】

《大学》说："自己有善，然后再勉励别人向善；自己无恶，然后再纠正别人的恶。"这固然是隐藏自身的恕道。但是自己有善也不责求别人，自己无恶也不非议别人，这才是一种无言的感召力。《大学》讲的内容是对居于上位的人说的，如果士君子

能把这点作为守身持己的常法，那么我补充的这番话也可以作为修养道德的方法。

【原文】

乾坤尽大，何处容我不得？而到处不为人所容，则我之难容也。眇然一身，而为世上难容之人，乃号于人曰："人之不能容我也。"吁！亦愚矣哉！

【译文】

天地如此广大，哪个地方容不下我呢？如果我到处都不能为人所容，那么肯定是因为我是个难容之人。渺小一身，而成为世上难容之人，却在他人面前号泣道："大家都不能容我呀！"唉！也太愚昧了！

【原文】

只竟夕点检，今日说得几句话关系身心，行得几件事有益世道，自慊自愧，恍然独觉矣。若醉酒饱肉，恣谈浪笑，却不错过了一日？乱言妄动，昧理从欲，却不作孽了一日？

【译文】

只要每天夜晚自我省察，今天说了几句关系身心修养的话，做了几件有益世道的事，内心就会感到不满足、惭愧，就会猛然醒悟。如果喝得醉醺醺的、吃得饱饱的，恣意言谈、放肆谑笑，这岂不是胡乱过了一天吗？如果胡言乱语、轻举妄动，违背正理、放纵欲望，这岂不是作孽了一天？

【原文】

只一个俗念头，错做了一生人；只一双俗眼目，错认了一生人。

【译文】

只因为一个庸俗的念头，结果导致一生走上错路；只因为自己庸俗的眼光，结果一生都看错人。

【原文】

淫怒是大恶，里面御不住气，外面顾不得人，成甚涵养？或曰："涵养独无怒乎？"曰："圣贤之怒自别。"

【译文】

过多过分地发怒是很有害的，内心抑制不住冲动、外面不顾及他人，还有什么涵养呢？有人问："有涵养就不发怒吗？"我回答说："圣贤发怒，与这是不同的。"

【原文】

凡智愚无他，在读书与不读书；祸福无他，在为善与不为善；贫富无他，在勤俭与不勤俭；毁誉无他，在仁恕与不仁恕。

【译文】

智慧和愚昧的区别没有别的，只在于读书还是不读书；遭祸与得福没有别的，只在于为善还是不为善；贫穷还是富裕没有别的，只在于勤俭还是不勤俭；招来毁谤还是得到赞扬没有别的，只在于仁爱宽恕还是不仁爱不宽恕。

【原文】

古人之宽大，非直为道理当如此，然煞有受用处。弘器度以养德也，省怨怒以养气也，绝仇雠以远祸也。

【译文】

古时候的人宽厚，并不仅仅从道理上讲应该这样，而且对个人来说也极有好处。可以恢弘自己的气度来修养品德，减少怨怒来养气，杜绝怨仇来避开灾祸。

【原文】

只见得眼前都不可意，便是个碍世之人。人不可我意，我必不可人意。不可人意者我一人，不可我意者千万人。呜呼！未有不可千万人意而不危者也。是故智者能与世宜，至人不与世碍。

【译文】

如果看到眼前的一切都不如意，那就是一个有碍于世的人。他人不适合我的心意，我一定不适合他人的心意。不适合他人心意的只有我一个人，不适合我心意的却有千万人。唉！没有不适合千万人的心意而不危险的。所以，明智的人都能适应世道，道德高尚的人不与世道相抵触。

【原文】

心要有城池，口要有门户。有城池则不出，有门户则不纵。

【译文】

心要有城池守着，口要有门户关着。心有城池守着就不会奔溢而出，口有门户守着就不会随意乱说。

【原文】

士君子作人不长进，只是不用心、不著力。其所以不用心、不著力者，只是不愧不奋。能愧能奋，圣人可至。

【译文】

士君子做人没有长进，就是由于自己不用心、不努力。其所以不用心、不努力，是由于没有羞愧之心和奋发之志。有了羞愧之心和奋发之志，就可以成为圣人。

【原文】

气忌盛，心忌满，才忌露。

【译文】

气忌太盛，心忌太满，才华忌外露。

【原文】

奋始怠终，修业之贼也；缓前急后，应事之贼也；躁心浮气，畜德之贼也；疾言厉色，处众之贼也。

【译文】

开始努力最后懈怠，是修业的大敌；先前迟缓后来紧迫，是做事的大敌；心气浮躁，是修养品德的大敌；疾言厉色，是与人交往的大敌。

【原文】

名心盛者必作伪。

【译文】

名利之心过于严重的人,一定会弄虚作假。

【原文】

见义不为,又托之违众,此力行者之大戒也。若肯务实,又自逃名,不患于无术。吾窃以自恨焉。

【译文】

见义而不为,又借口害怕违背众人,这是身体力行的人最要防备的。如果能够务实,又不计较名声,就不怕没有办法。我私下里因此恨自己。

【原文】

人一生大罪过,只在自是自私四字。

【译文】

人一生最大的罪过,就是自以为是和自私自利。

【原文】

贫不足羞,可羞是贫而无志;贱不足恶,可恶是贱而无能;老不足叹,可叹是老而虚生;死不足悲,可悲是死而无闻。

【译文】

贫穷并不值得羞愧,可羞愧的是贫穷而没有志向;卑贱并不值得厌恶，值得厌恶的是卑贱而没有能力；年老并不可叹，可叹的是年老而虚度一生；死并不可悲，可悲的是死得无声无息。

【原文】

喜来时一点检，怒来时一点检，怠惰时一点检，放肆时一点检，此是省察大条款。人到此多想不起，顾不得，一错了，便悔不及。

【译文】

在高兴的时候反省自己，发怒的时候反省自己，怠惰的时候反省自己，放肆的时候反省自己，这是自我反省最重要的原则。但人到这时候往往想不起来、顾及不到，一旦错了，便后悔莫及。

【原文】

难管底是任意，难防底是惯病，此处着力，便是穴上着针，痒处着手。

【译文】

难以管制的是任意妄为，难以防止的是老毛病，在这些地方努力，

就像在穴位上扎针、在痒处抓挠一样有效果。

【原文】

试点检终日说话有几句恰好底，便见所养。

【译文】

试着反省一下一天所说的话有几句是恰到好处的，就可以看出他修养的程度。

【原文】

业刻木如锯齿，古无文字，用以记日行之事数也。一事毕，则去一刻；事俱毕，则尽去之，谓之修业。更事则再刻如前。大事则大刻，谓之大业；多事则多刻，谓之广业；士农工商所业不同，谓之常业；农为士则改刻，谓之易业。古人未有一生无所业者，未有一日不修业者，故古人身修事理而无怠惰荒宁之时，常有忧勤惕励之志。一日无事，则一日不安，惧业之不修而旷日之不可也。今也昏昏荡荡，四肢不可收拾，穷年终日无一猷为，放逸而入于禽兽者，无业之故也。人生两间，无一事可见，无一善可称，资衣藉食于人而偷安惰行以死，可羞也已。

【译文】

做事就如同锯齿刻木一样，古代没有文字，就刻木来记载每天做事的数目。一件事做完了就去掉一刻，事情都做完了就全部去掉，这叫做修业。事情变了，就重新像以前那样再刻。大事情就刻大一些，叫做大业；事情多就多刻，叫做广业；士农工商所从事的事业不同，叫做常业；农民成了士人就改刻，叫做易业。古人没有一生没有事业的，没有一天不干事业的，所以古人修养自身、处理事情没有懈怠懒惰、荒废安宁的时候，经常怀着忧愁劳苦、心存戒惧的志向，一天无事就会一天不安，害怕事业不修而白白地耽误时日。现在的人昏昏荡荡，四肢都懒得动弹，整年整日一件事也不谋划，自由放任如同禽兽，这是无业的缘故。人生天地之间，无一事可成，无一善可称，依靠别人供给衣食，而自己苟且偷安、惰于做事直到死去，真可耻啊！

【原文】

处利则要人做君子，我做小人；处名则要人做小人，我做君子，斯惑之甚也。圣贤处利让利，处名让名，故淡然恬然，不与世忤。

【译文】

在利益上要别人做君子，自己做小人；在名誉上要别人做小人，自己做君子，这真是糊涂啊。圣贤在面对名誉的时候辞让名誉，遇到利益的时候谦让利益，因此恬然淡泊、与世无争。

【原文】

任教万分矜持，千分点检，里面无自然根本，仓卒之际、忽突之顷，本态自然露出。是以君子慎独。独中只有这个，发出来只是这个，何劳回护，何用支吾？

【译文】

即使平时万分庄重、千分检点，而内心如果没有出于自然、来自根本的东西，那么仓促之际、疏忽突变之时，就会暴露本来面目。所以君子要“慎独”。在独处时只有这个根本的东西，表现出来的也只是这个根本的东西，哪还用得着遮掩、用得着支支吾吾？

【原文】

力有所不能，圣人不以无可奈何者责人；心有所当尽，圣人不以无可奈何者自诿。

【译文】

人有力所不及的，圣人从不因无可奈何而责备他人；人之心所当尽的，圣人从不用无可奈何来推卸自己的责任。

【原文】

寡恩曰薄，伤恩曰刻，尽事曰切，过事曰激。此四者，宽厚之所深戒也。

【译文】

缺少恩义叫做薄，伤害恩义叫做刻，做事太急叫做切，办事过分叫做激。这四种过失，是宽厚之人深为警惕的。

【原文】

《易》称“道济天下”，而吾儒事业，动称行道济时、济世安民。圣人未尝不贵济也？舟覆矣，而保得舟在，谓之济，可乎？故为天下者，患知有其身，有其身不可以为天下。

【译文】

《易经》中说“道可以救助天下”，我们儒者的事业，动辄就说是行道救时、济世安民。圣人何尝不重视救助？船倾覆而能保住船在，叫做济，可以吗？所以为天下谋福利的人，其祸患在于知道要保有其身，想保有其身的人不可以为天下谋福利。

【原文】

万物安于知足，死于无厌。

【译文】

万事万物由于知足而能保住平安，由于贪得无厌而导致死亡。

【原文】

足恭过厚，多文密节，皆名教之罪人也。圣人之道自有中正。彼乡原者，徼名惧讥、希进求荣、辱身降志，皆所不恤，遂成举世通套。虽直道清节之君子，稍无砥柱之力，不免逐波随流，其砥柱者，旋以得罪。嗟夫！佞风谀俗，不有持衡当路者一极力挽回之，世道何时复古耶？

【译文】

过度的谦恭，过分的亲厚，过多的文饰，过繁的礼节，都是礼教的罪人。圣人之道自然有其中正之处。那些伪君子，追求名声、惧怕讥讽，希图提升、渴求荣誉，即使辱身降志，也不顾惜，他们的做法于是成了世人遵行的俗套。即使是直道而行、清高守节的君子，稍微欠缺砥柱般的力量，就不免会随波逐流，而那些挺立激流之中坚持不屈的人很快就会获罪。唉！那些佞风谀俗如果没有主持公正的执政者极力挽回的话，世道何时能回到古代淳厚的风俗去呢？

【原文】

时时体悉人情，念念持循天理。

【译文】

时时体察洞知人情，念念想着坚持遵循天理。

【原文】

吉凶祸福是天主张，毁誉予夺是人主张，立身行己是我主张。此三者，不相夺也。

【译文】

吉凶祸福是由命运决定的，诋毁、赞誉、赐予和夺取是由别人来决定的，如何立身行事是由自己决定的。这三者谁也不能压倒谁。

【原文】

不得罪于法易，不得罪于理难。君子只是不得罪于理耳。

【译文】

不触犯法律容易做到，不违背理却很难。君子所以是君子，就在于他不违背理。

【原文】

凡在我者，都是分内底；在天在人者，都是分外底。学者要明于内外之分，则在内缺一分，便是不成人处；在外得一分，便是该知足处。

【译文】

凡取决于自己的事，都属于分内应该做的；取决于命运和他人的东西，都是分外得到的。学者要明白分内和分外的区别，分内有一分欠缺，就是做人不够之处；分外得到一分，就应该知足了。

【原文】

有德之容深沉凝重，内充然有馀，外阒然无迹。若面目都是精神，即不出诸口，而漏泄已多矣，毕竟是养得浮浅。譬之无量人，一杯酒便达于面目。

【译文】

凡品德高尚者的面容都深沉凝重，内心非常充实，而外表却不露痕迹。如果脸上表现出精神异常，即使不开口，其内心也暴露出来了，毕竟还是修养很浮浅。就好像没有酒量的人，只要喝一杯酒就会脸红。

【原文】

世人皆知笑人。笑人不妨，笑到是处便难，到可以笑人时则更难。

【译文】

世人都喜欢嘲笑别人。嘲笑别人算不了什么，只是嘲笑得正确就难了，而到可以嘲笑别人时再去嘲笑就更加困难了。

【原文】

毁我之言可闻，毁我之人不必问也。使我有此事也，彼虽不言，必有言之者。我闻而改之，是又得一不受业之师也。使我无此事邪，我虽不辨，必有辨之者。若闻而怒之，是又多一不受言之过也。

【译文】

责备我的话我可以听，责备我的人就不必追问了。假如我有某件做得不好的事，即使他不说，也必然有人会说。我听到后加以改正，这等于又得到了一位虽不是在他门下却能教育我的老师。假如我没有这件事，即使我不辩解，也必然有人会为我辩解。如果听了发怒，这就又多了一个不能听取意见的过失。

【原文】

精明世所畏也，而暴之；才能世所妒也，而市之，不没也夫！

【译文】

精明是世人所畏惧的，却显露出来；才能是世人所嫉妒的，却加以炫耀，这岂不是自找麻烦！

【原文】

只一个贪爱心，第一可贱可耻。羊马之于水草，蝇蚁之于腥膻，蜣螂之于积粪，都是这个念头。是以君子制欲。

【译文】

贪爱之心是最卑贱最可耻的。羊、马对于水草，苍蝇、蚂蚁对于腥膻的东西，蜣螂对于积粪，都有这种贪爱之念。因此，君子要节制贪欲。

【原文】

清议酷于律令，清议之人酷于治狱之吏。律令所冤，赖清议以明之，虽死犹生也；清议所冤，万古无反案矣。是以君子不轻议人，惧冤之也。惟此事得罪于天甚重，报必及之。

【译文】

清议比律令还要严酷，清议之人比治狱的官吏还要严酷。被律令所冤枉的人，可以依靠清议得以昭雪，虽死犹生；而被清议所冤枉的，万古也不会得到翻案。所以君子不轻易评议别人，是害怕冤枉了别人。只有清议这事得罪于天最重，受到的报应也必然最重。

【原文】

权贵之门，虽系通家知已也，须见面稀、行踪少就好。尝爱唐诗有“终日帝城里，不识五侯门”之句，可为新进之法。

【译文】

对于有权有势、地位高贵的人家，即使是至亲知交，也要以少见面、少来往为好。我很喜爱唐诗里“终日帝城里，不识五侯门”的诗句，这句话可以作为新入仕的人的守身之法。

【原文】

闻世上有不平事，便满腔愤懑，出激切之语，此最浅夫薄子，士君子之大戒。

【译文】

一听到世上有不平之事，便满腔愤懑，发表一些激愤的言论。这是修养浅薄的表现，也是士人君子应引以为戒的。

【原文】

仁厚刻薄，是修短关；行止语默，是祸福关；勤惰俭奢，是成败关；饮食男女，是死生关。

【译文】

仁厚还是刻薄，是寿命长短的关键；行动还是停止，说话还是沉默，是祸福的关键；勤劳还是懒惰，节俭还是奢侈，是成败的关键；饮食、男女之情，是生死的关键。

【原文】

言出诸口，身何与焉？而身亡。五味宜于口，腹何知焉？而腹病。小害大，昭昭也，而人每纵之徇之，恣其所出，供其所入。

【译文】

言语是从口中说出来的，和身体有什么关系呢？但招来的祸患却由身体承受。吃了五味口很舒服，肚子有什么知觉呢？而生病却要肚子承受。小能害大，是很明显的事，但是人们每每还要放纵自己，随意说话，屈从自己的欲望来满足口腹的需要。

【原文】

浑身都遮盖得，惟有面目不可掩。面目者，心之证也。即有厚貌者，卒然难做预备，不觉心中事都发在面目上。故君子无愧心则无怍容。中心之达达以此也，肺肝之视视以此也。此修己者之所畏也。

【译文】

浑身都能遮盖住，只有面目不能遮盖住。面目是心的表征。即使是性格内向的人，突然间难做预备，不知不觉心事都会在面目上表露出来。因此，君子没有惭愧的心就没有惭愧的表情。心中的想法能表现在面部，内心的好坏也能从面部表情上看出来。这是修养自身的人所敬畏的。

【原文】

韦弁布衣，是我生初服，不愧此生，尽可以还。大造轩冕是甚物事？将个丈夫来做坏了，有甚面目对那青天白日？是宇宙中一腐臭物也。乃扬眉吐气，以此夸人，而世人共荣慕之，亦大异事。

【译文】

浅朱色的帽子，粗布做的衣服，是我出生以后就穿戴的，如果一生没有做愧对人的事，就可以心安理得地还于本初。乘轩车、穿冕服，这算得什么？如果大丈夫的人品做坏了，还有什么面目面对那青天白日？这样的话，也不过是宇宙间一个腐臭的东西罢了。竟然还扬眉吐气，以此夸耀于人，而世上的人都还羡慕他，真是咄咄怪事！

【原文】

多少英雄豪杰，可与为善而卒无成，只为

拔此身于习俗中不出。若不恤群谤，断以必行，以古人为契友，以天地为知己，任他千诬万毁何妨？

【译文】

有多少英雄豪杰，本来可以做许多好事，可终究一事无成，只是因为不能从习俗中摆脱出来。如果能不顾忌众人的诽谤，决断以后就努力去做，以古人为契友，以天地为知己，那么纵有千诬万毁又有何妨呢？

【原文】

世间至贵，莫如人品，与天地参，与古人友，帝王且为之屈，天下不易其守。而乃以声色、财货、富贵、利达，轻轻将个人品卖了，此之谓自贱。商贾得奇货亦须待价，况士君子之身乎？

【译文】

世上最宝贵的就是人品。人品如果能与天地相参，与古人相合，就连帝王都会屈从，整个天下都不能改变其操守。可是竟然因为声色、财货、富贵、利达，就轻易地把自己的人格出卖了，这就叫做自贱。商人得到奇货尚且要待价出售，更何况君子呢？

【原文】

修身以不护短为第一长进。人能不护短，则长进至矣。

【译文】

修身以不遮掩自己的缺点为最能使人进步。如果能不回护自己的缺点，就会有长足的进步。

【原文】

世有十态，君子免焉：无武人之态（粗豪），无妇人之态（柔懦），无儿女之态（娇稚），无市井之态（贪鄙），无俗子之态（庸陋），无荡子之态（儇佻），无伶优之态（滑稽），无闾阎之态（村野），无堂下之态（局迫），无婢子之态（卑谄），无侦谍之态（诡暗），无商贾之态（炫售）。

【译文】

世人有十种情态，君子要避免：无武人之态（粗鲁豪横），无妇人之态（柔弱怯懦），无儿女之态（娇情幼稚），无市井之态（贪婪鄙俗），无俗子之态（庸俗浅陋），无荡子之态（轻佻放荡），无伶优之态（滑稽可笑），无闾阎之态（俚俗粗野），无堂下之态（局促紧张），无婢子之态（卑贱谄媚），无侦谍之态（诡秘阴暗），无商贾之态（炫耀卖弄）。

【原文】

作本色人，说根心话，干近情事。

【译文】

做本色人，说真心话，做合情合理的事。

【原文】

君子有过不辞谤，无过不反谤，共过不推谤。谤无所损于君子也。

【译文】

君子有了过失不怕别人的批评，没有过失也不反过来去指责别人的批评，与别人一起犯了错误也不推卸自己的责任。诽谤对于君子是没有损害的。

【原文】

心无留言，言无择人，虽露肺肝，君子不取也。彼固自以为光明矣，君子何尝不光明？自不轻言，言则心口如一耳。

【译文】

心里想到什么就说什么，说话不看对象，即使以肝胆相示，君子也不会择取。他固然自以为光明正大，君子何尝不光明正大？只是自己不轻易说话，说话则心口如一。

【原文】

保身底是德义，害身底是才能。德义中之才能，呜呼！免矣。

【译文】

保全自身的是道德仁义，危害自身的是才华能力。唉！才华能力如果合乎道德仁义，就能免除灾祸。

【原文】

恒言“疏懒勤谨”，此四字每相因。懒生疏，谨自勤。圣贤之身岂生而恶逸好劳哉？知天下皆惰慢则百务废弛，而乱亡随之矣。先正云：古之圣贤未尝不以怠惰荒宁为惧，勤励不息自强。曰惧曰强，而圣贤之情见矣，所谓“忧勤惕励”者也。惟忧故勤，惟惕故励。

【译文】

人常说“疏懒勤谨”，这四个字是互为因果的。懒惰就会疏忽，严谨自会勤勉。圣贤之身难道是生来就恶逸好劳吗？只是他们知道天下人如果都懒惰散漫，百业就会废弛，祸乱灭亡就会随之到来。前代的圣贤说：古代的圣贤没有不以怠惰荒宁为惧而勤勉励志、自强不息的。说“惧”、说“强”，圣贤的心情就可想而知了，这就是所谓的“忧勤惕励”。只有忧惧才能勤勉，只有警惕才能自励。

【原文】

无责人，自修之第一要道；能体人，养量之第一要法。

【译文】

不责备他人，是自我修身的关键；能体谅他人，是涵养度量的最基本方法。

【原文】

亡我者，我也。人不自亡，谁能亡之？

【译文】

能够毁灭自己的，是我自己。人不自取灭亡，谁能毁灭他？

【原文】

沾沾煦煦，柔润可人，丈夫之大耻也。君子岂欲与人乖戾？但自有正情真味。故柔嘉不是软美，自爱者不可不辨。

【译文】

温顺让人舒服，柔弱温润适合别人的心意，但这是大丈夫的耻辱。君子难道要故意与别人过不去吗？只是要有正直的感情、真正的滋味。所以婉转称赞不等于是软弱讨好，自爱的人不可不予以明辨。

【原文】

且莫论身体力行，只听随在聚谈间，曾几个说天下、国家、身心、性命正经道理？终日哓哓剌剌，满口都是闲谈乱谈。吾辈试一猛省，士君子在天地间可否如此度日？

【译文】

且不说身体力行，只要随便听听人们聚在一起谈话的时候，有几个在谈论天下、国家、身心、性命这些正经的道理？整天说个不停，满口都是闲谈乱谈。我们要试着猛然反省一下，士人君子在天地间是否可以这样过日子？

【原文】

君子慎求人。讲道问德，虽屈己折节，自是好学者事。若富贵利达向人开口，最伤士气，宁困顿没齿也。

【译文】

君子求人时要慎重。讲论道理询问德行，即使委屈自己、有损节操，这还是好学的人该做的事。如果为了富贵利达向人开口，这最有损士气，真正的君子宁可困顿终生也不会这样做。

【原文】

既做人在世间，便要劲爽爽、立铮铮底。若如春蚓秋蛇、风花雨絮，一生靠人作骨，恰似世上多了这个人。

【译文】

既然在这个世间做人，就要做到刚劲利落、铁骨铮铮。如果像春蚓秋蛇、风花雨絮，一生都依靠他人撑腰，就像世上你这么个人是多余的。

【原文】

夫礼非徒亲人，乃君子之所以自爱也；非徒尊人，乃君子之所以敬身也。

【译文】

守礼并不只是为了能亲近他人，更是君子自爱的方法；不只是为了尊重他人，更是君子用来敬身的手段。

【原文】

刚、明，世之碍也。刚而婉，明而晦，免祸也夫！

【译文】

刚强、聪明，是世人的障碍。刚强而又委婉，聪明而又隐晦，这才能够免祸。

【原文】

处身不妨于薄，待人不妨于厚；责己不妨于厚，责人不妨于薄。

【译文】

待自己不妨薄一点，待他人不妨厚一点；责求自己不妨重一点，责求他人不妨轻一点。

【原文】

有过是一过，不肯认过又是一过。一认则两过都无，一不认则两过不免。彼强辩以饰非者，果何为也？

【译文】

有过错是一种过错，不肯认错又增加了一种过错。认了错那么两种过错都没有了，不认错那么两种过错都免不掉。那些为自己强辩来掩饰错误的人，到底是为了什么呢？

【原文】

君子之为善也，以为理所当为，非要福，非

干禄；其不为不善也，以为理所不当为，非惧祸，非远罪。

【译文】

君子之所以做好事，是认为从道理上讲应当做，并不是为了求得福分，并不是为了追求禄位；他们不做坏事，是认为从道理上讲不应该做，并不是害怕灾祸，并不是为了避免痛苦。

【原文】

蜗以涎见觅，蝉以声见粘，萤以光见获。故爱身者，不贵赫赫之名。

【译文】

蜗牛因为自己吐出的涎而被人找到，蝉因为发出叫声而被人粘住，萤火虫因为自己发出的光而被人抓到。所以爱护自身的人，不看重赫赫的名声。

【原文】

多门之室生风，多口之人生祸。

【译文】

有很多门的屋子容易生风，喜欢多说的人容易生祸。

【原文】

智者不与命斗，不与法斗，不与理斗，不与势斗。

【译文】

明智的人不同命相斗，不同法相斗，不同理相斗，不同势相斗。

【原文】

富以能施为德，贫以无求为德，贵以下人为德，贱以忘势为德。

【译文】

富裕时以能够施舍为美德，贫穷时以无所求为美德，高贵时以能够谦卑地待人为美德，卑贱时以能够忘掉权势为美德。

【原文】

四十以前养得定，则老而愈坚；养不定，则老而愈坏。百年实难，是以君子进德修业贵及时也。

【译文】

四十岁以前能够把持住自己，那么年纪越大越坚定；把持不住自己，那么年纪越大越会变坏。人生百年确实很难，所以君子进德修业关键要及时。

【原文】

与其抑暴戾之气，不若养和平之心；与其裁既溢之恩，不若绝分外之望；与其为后事之厚，不若施先事之薄；与其服延年之药，不若守保身之方。

【译文】

与其抑制暴戾之气，不如涵养和平之心；与其裁减已经过多的恩惠，不如开始就断绝他人的奢望；与其在父母去世后厚葬，不如在他们活着时予以必要的奉养；与其服用延年的药物，不如坚守保身的方法。

【原文】

士君子只求四真：真心、真口、真耳、真眼。真心，无妄念；真口，无杂语；真耳，无邪闻；真眼，无错识。

【译文】

士君子只要求做到“四真”：真心、真口、真耳、真眼。真心，就没有虚妄的念头；真口，就没有言不由衷的话语；真耳，就不会听到邪恶不正的事情；真眼，就不会有错误的认识。

【原文】

人不自爱，则无所不为；过于自爱，则一无可为。自爱者，先占名，实利于天下国家，而迹不足以白其心则不为；自爱者，先占利，有利于天下国家，而有损于富贵利达则不为。上之者即不为富贵利达，而有累于身家妻子则不为。天下事待其名利两全而后为之，则所为者无几矣。

【译文】

人不自爱，那么就会无所不为；而过于自爱，那么就会一无可为。自爱的人，最先考虑的是名，即使事情的结果有利于天下国家，但其行迹不能够表白他的心志就不会做；自爱的人，首先考虑的是利，事情有利于天下国家，而有损于自己的富贵利达就不会做。好一点的人即使不是为了富贵利达，但事情对身家性命妻子儿女有牵累时也不会做。天下之事如果要等到名利双全后才去做，那么能够做的就没有什么了。

【原文】

与其喜闻人之过，不若喜闻己之过；与其乐道己之善，不若乐道人之善。

【译文】

与其喜欢听到他人的过失，不如乐于听到自己的过失；与其喜欢说自己的长处，不如乐于多说他人的长处。

【原文】

人生天地间，要做有益于世底人。纵没这心肠、这本事，也休作有损于世底人。

【译文】

人生在天地之间，就要做一个有益于世的人。即使没有这样的用心、这样的本事，也千万不能做有损于世的人。

【原文】

祸福是气运，善恶是人事。是故君子论天道不言祸福，论人事不言利害。

【译文】

祸福是气运导致的，善恶则是人事造成的。所以君子只论天道而不说祸福，只论人事而不讲利害。

【原文】

物忌全盛，事忌全美，人忌全名。

【译文】

事物要避免的是全盛，事情要避免的是全美，人要避免的是全名。

【原文】

吾人终日最不可悠悠荡荡，作空躯壳。

【译文】

我们最不应该的是整天悠悠荡荡，像没有灵魂的空躯壳一样活在世上。

问　学

【原文】

学必相讲而后明，讲必相直而后尽。孔门师友不厌穷问极言，不相然诺承顺，所谓审问明辨也。故当其时，道学大明，如拨云披雾，白日青天，无纤毫障蔽。讲学须要如此，无坚自是之心，恶人相直也。

【译文】

学问必须相互讲述然后才能明白，讲述必须相互质疑辩论然后才能弄清是非。孔门师友询问、讨论问题喜欢穷根究底，不轻易同意或顺从对方的意见，这就是所说的“审问明辨”的真正含义。所以，他们所处的时代，先圣之学大放光彩，好比拨开云雾，只见白日青天，没有丝毫的障碍、遮蔽。讲论学问就要这样，不要固执地认为自己的意见就是正确的，也不要害怕别人质疑。

【原文】

熟思审处，此四字德业之首务；锐意极力，此四字德业之要务；有渐无已，此四字德业之成务；深忧过计，此四字德业之终务。

【译文】

反复思考、谨慎对待，这是成就品德学业的根本；锐意进取、竭尽全力，这是成就品德学业的重要条件；循序渐进、坚持不懈，这是成就品德学业的关键；深思熟虑、反复琢磨，这是成就品德学问的最终保证。

【原文】

读书人最怕诵底是古人语，做底是自家人。这等读书，虽闭户十年，破卷五车，成什么用？

【译文】

读书人最要不得的是，读的是古代圣贤的话，而行动却是我行我素。这样读书，即使关起门读上十年，读破五车书，又有什么用呢？

【原文】

能辨真假是一种大学问。世之所抵死奔走者，皆假也。万古惟有真之一字磨灭不了，盖藏不了。此鬼神之所把握，风雷之所呵护；天地无此不能发育，圣人无此不能参赞；朽腐得此可为神奇，鸟兽得此可为精怪。道也者，道

此也；学也者，学此也。

【译文】

能辨别真假是一种大学问。世上的人拼命为自己所追求的，实际上都是虚假的。万古只有“真”这个字磨灭不了，掩盖不了。“真”是鬼神掌握、风雷呵护的东西。天地如果没有“真”就不能发育万物，圣人如果没有“真”就不能参赞造化。腐朽的东西得到“真”可变为神奇，鸟兽得到“真”可以变为精怪。我们平常所说的道，就是这个“真”；要学习的，也就是这个“真”。

【原文】

不由心上做出，此是喷叶学问；不在独中慎起，此是洗面工夫，成得甚事？

【译文】

不从心中做出来的学问，这只是浮浅的学问；不在独处时审慎做起，这只是表面的工夫，能够成就什么呢？

【原文】

“尧舜事功，孔孟学术”，此八字是君子终身急务。或问：“尧舜事功，孔孟学术，何处下手？”曰：“以天地万物为一体，此是孔孟学术；使天下万物各得其所，此是尧舜事功。总来是一个念头。”

【译文】

“尧舜事业，孔孟学术”，此八个字是君子终身要急切追求的事业。有人问道：“要成就尧舜一般的事业，成就孔子、孟子一样的学术，从何处下手？”回答说：“把天地万物视为一体，这就是孔子、孟子的学术；使天下万物各得其所，这就是尧舜的事业。总的说来是一个相同的念头。”

【原文】

上吐下泻之疾，虽日进饮食，无补于憔悴；
入耳出口之学，虽日事讲究，无益于身心。

【译文】

患了上吐下泻的疾病，即使每天照样吃喝，也改变不了憔悴的面容；从耳朵进从嘴里出的那些与修身养性无关的学问，即使成天钻研，也无益于身心。

【原文】

只人人去了我心，便是天清地宁世界。

【译文】

只要人人都去掉自己的私心杂念，世界就是天清地宁的世界。

【原文】

我信得过我，人未必信得过我，故君子避嫌。若以正大光明之心如青天白日，又以至诚恻怛之意如火热水寒，何嫌之可避？故君子学问，第一要体信。只信了，天下无些子事。

【译文】

我信得过我，别人未必信得过我，所以君子要避嫌。但如果能以青天白日般的正大光明之心处事，又以火热水寒般至诚同情之意待人，还有什么嫌疑可避呢？所以君子做学问，第一重要的是要体现诚信。只要做到了诚信，天下自会太平无事。

【原文】

悟者，吾心也。能见吾心，便是真悟。

【译文】

省悟，是指自己内心觉醒。能看清自己的内心，就是真正的省悟。

【原文】

明理省事，此四字学者之要务。

【译文】

明白事理、省察人事，这是求学的人的首要任务。

【原文】

学者大病痛，只是器度小。

【译文】

求学的人最大的毛病就是器量和气度太小。

【原文】

识见议论，最怕小家子势。

【译文】

发表见解和议论，最怕的是小家子气。

【原文】

学者只是气盈，便不长进。含六合如一粒，觅之不见；吐一粒于六合，出之不穷，可谓大人矣。而自处如庸人，初不自表异；退让如空夫，初不自满足，抵掌攘臂而视世无人，谓之以善服人则可。

【译文】

求学的人只要气盛，便不会有长进。含纳天地六合如含一粒米，却寻觅不见；将所包含发至天地六合中，又出之不穷，这样的人可以称得上是大人了。而自处时同普通人一样，并没显示出和别人有什么不同；退让时好像一个腹中空空无任何学识的人，从来没有自我满足的表现，这样的人如果抵掌攘臂而视世无人，说他是以善服人，那么是可以的。

【原文】

心术、学术、政术，此三者不可不辨也。心术要辨个诚伪，学术要辨个邪正，政术要辨个王伯。总是心术诚了，别个再不差。

【译文】

心术、学术、政术，这三者不可不分辨清楚。心术要辨别出是真诚还是虚伪，学术要辨别出是邪说还是正理，政术要辨别出是个王道还是霸道。总之，如果心术是真诚的，其他的也不会出现什么差错。

【原文】

圣门学问心诀，只是不做贼就好。或问之，曰："做贼是个自欺心、自利心，学者于此二心，一毫摆脱不尽，与做贼何异？"

【译文】

孔门圣学的秘诀，就是不做贼就行。有人问这是什么意思，回答说："做贼意味着有自欺心、自利心，做学问的人如果摆脱不掉自欺心、自利心，这与做贼有何区别？"

【原文】

理以心得为精，故当沉潜。不然，耳边口头也。事以典故为据，故当博洽。不然，臆说杜撰也。

【译文】

道理只有从心中体会出来才精确，所以应当潜心沉思。不然，只不过是听到、说了而已。做事要以典故为依据，所以应当做到识见广博。不然，只不过是随心所欲地杜撰。

【原文】

天是我底天，物是我底物，至诚所通，无不感格。而乃与之扞格抵牾，只是自修之功未至。自修到格天动物处，方是学问，方是工夫。未

至于此者，自愧自责不暇，岂可又萌出个怨尤底意思？

【译文】

天是我的天，物是我的物，只要用至诚之心去感通，无不为之感通。而有的人却与天和物格格不入、互相抵触，这是因为自我修养的功夫还不够。自我修养到能感动天地万物的程度，才是真正的学问，才是真正的功夫。还没有达到这个程度的，自愧自责还来不及，怎么还能萌发出怨天尤人的意念呢？

【原文】

扶持资质，全在学问。任是天资近圣，少此二字不得。三代而下无全才，都是负了在天底，欠了在我底，纵做出掀天揭地事业来，仔细看他，多少病痛！

【译文】

扶持天资、品格，全在于学问。即使你天资接近圣人，也少不了学问这两个字。三代以后没有全才，都是亏负了天生的资质，亏欠了自我品格的修养，纵然做出惊天动地的事业来，仔细一看，他身上的毛病又有多少！

【原文】

劝学者，歆之以名利；劝善者，歆之以福祥。哀哉！

【译文】

劝人学习的人，用名和利来引起被劝者的羡慕之心；劝人行善的人,用幸福和吉祥来引起被劝者的羡慕之心。真是可悲啊!

【原文】

道理书尽读,事务书多读,文章书少读,闲杂书休读,邪妄书焚之可也。

【译文】

讲道理的书全部读,讲事务的书要多读,文学方面的书要少读,闲杂书坚决不读,邪淫虚妄的书可以将其烧掉。

【原文】

工夫全在冷清时,力量全在浓艳时。

【译文】

一个人真正的工夫全看他在冷清时的作为,一个人的力量全在浓艳时的表现。

【原文】

自天子以至于庶人,自尧、舜以至于途之人,必有所以汲汲皇皇者,而后其德进、其业成。故曰:鸡鸣而起。舜、跖之徒皆有所孳孳也。无所用心,孔子忧之曰:“不有博弈者乎?”惧无所孳孳者,不舜则跖也。今之君子纵无所用心,而不至于为跖,然饱食终日,惰慢弥年,既不作山林散客,又不问庙堂急务,如醉如痴,以了日月。《易》所谓“君子进德修业,欲及时也”,果是之谓乎?如是而自附于清品高贤,吾不信也。

孟子论历圣道统心传，不出“忧勤惕励”四字。其最亲切者，曰：“仰而思之，夜以继日；幸而得之，坐以待旦。”此四语不独作相，士、农、工、商皆可作座右铭也。

【译文】

从天子到平民百姓，从尧、舜到路途上的人，必定有为了某种目标而急急忙忙努力追求的，此后他的品德才能提升、事业才能成就。所以古人说：鸡鸣而起。舜、跖之类的人都为了善或利在孜孜以求。对那些无所用心的人，孔子忧虑地说：“不是有掷采下棋的游戏吗？”因为他担心那些无所事事、没有追求的人，成不了舜一类的人就会成为盗跖一类的人。现在的君子即使无所用心，也不至于成为盗跖一类的人，然而他们饱食终日，终年懒惰散漫，既不做山林散客，又不问朝廷急务，如醉如痴，空度岁月。《易经》所说的“君子进德修业，欲及时也”，难道说的是这种情形吗？这样的人还自认为属于清品高贤之类的人物，我是不相信的。孟子论述历圣道统心传，不出“忧勤惕励”（忧愁勤苦、心存戒惧）四字。其中最打动人的话是：“仰而思之，夜以继日；幸而得之，坐以待旦。”（抬起头思考，夜里没有想明白的道理晚上接着想；如果幸而想通了，便坐着等待天亮后马上实行。）这四句话不只对做宰相的，就是对士、农、工、商而言，都可以作为座右铭。

【原文】

怠惰时看工夫，脱略时看点检，喜怒时看涵养，患难时看力量。

【译文】

在懈怠懒惰时可看出一个人的工夫，放任轻慢时可看出一个人的点检，高兴恼怒时可看出一个人的涵养，忧患艰难时可看出一个人的力量。

【原文】

今之为举子文者，遇为学题目，每以知行作比。试思知个甚么？行个甚么？遇为政题目，每以教养作比。试问做官养了那个？教了那个？若资口舌浮谈，以自致其身，以要国家宠利，此与诓骗何异？吾辈宜惕然省矣。

【译文】

现在那些做科举文章的人，遇到为学方面的题目，往往拿“知”和“行”进行对比。试想一想，自己到底知的是什么？做的又是什么？遇到为政方面的题目，往往拿“教民”和“养民”进行对比。试问做官的到底养了哪个？教了哪个？如果只是把这些言词挂在嘴上作为言谈的资本，借以谋求个人的地位，获取国家所给的名利，这同诓骗有什么区别？对此，我们应该多多警惕、好好反省一下了。

【原文】

自德性中来，生死不变；自识见中来，则有时而变矣。故君子以识见养德性，德性坚定则可生可死。

【译文】

从德性中生发出来的，无论生死都不会改变；从识见中生发出来的，有时会改变。所以君子要用识见来修养德性，德性坚定了，就能经得起生死的考验。

【原文】

“昏弱”二字是立身大业障，去此二字不得，做不出一分好人。

【译文】

“昏聩”、“懦弱”是立身安命的最大障碍。如果不能把这两个毛病去掉，就不能做一个完善的人。

【原文】

学者，穷经博古，涉事筹今，只见日之不足，惟恐一登荐举，不能有所建树。仕者，修政立事，淑世安民，只见日之不足，惟恐一旦升迁，不获竟其施为。此是确实心肠，真正学问，为学为政之得真味也。

【译文】

求学的人，要通读经书、博览古籍、涉足世事、筹划时务，只感到时间紧迫不够用，只担心一旦被举荐做官，不能有所建树。为官的人，要治理政务、树立政绩、改造世风、安定百姓，只担心时间紧迫不够用，只担心一旦升迁，不能够完成自己的事业。这才是实在的心肠，这才是真正的学问，这才算体会到了为学为政的真正意味。

【原文】

进德修业在少年，道明德立在中年，义精仁熟在晚年。若五十以前德性不能坚定，五十以后愈懒散，愈昏弱，再休说那中兴之力矣。

【译文】

提升品德、钻研学业在少年时期，明白道理、成就道德在中年时期，精通义理、谙熟仁道在晚年时期。如果五十岁以前还不能使自己的德性坚定，五十岁以后就会更加懒惰、散漫，更加昏聩、懦弱，哪还有什么由衰弱到振奋的力量？

【原文】

世间无一件可骄人之事。才艺不足骄人，德行是我性分事，不到尧、舜、周、孔，便是欠缺，欠缺便自可耻，如何骄得人？

【译文】

世上没有一件事可以让人骄傲自大。才华技艺不值得骄傲，道德品性是我本性中应该具备的，不达到尧、舜、周公、孔子的境界，就是在德行上有欠缺，有欠缺自己就该感到羞愧，哪还有什么值得骄傲的呢？

【原文】

有希天之学，有达天之学，有合天之学，有为天之学。

【译文】

有遵循自然的学问，有通达自然的学问，有符合自然的学问，有治理自然的学问。

【原文】

天下至精之理，至难之事，若以潜玩沉思求之，无厌无躁，虽中人以下，未有不得者。

【译文】

天下最精辟的道理，最艰难的事情，如果能够深入地研究、认真地思考，不厌倦、不急躁，即使这个人的资质在中等人以下，也不会一无所获。

【原文】

为学第一工夫，要降得浮躁之气定。

【译文】

做学问最重要的工夫，就是要戒除掉浮躁之气。

【原文】

学者万病，只一个静字治得。

【译文】

求学人的种种毛病，只有靠“静”才能治得好。

【原文】

学问以澄心为大根本，以慎口为大节目。

【译文】

做学问最根本的是要使心澄明，最关键的是要言语谨慎。

【原文】

读书能使人寡过，不独明理。此心日与道

俱，邪念自不得而乘之。

【译文】

读书不只是能使人明白道理，还能使人少犯错误。每天心中所想的都能和道相符，邪恶的念头自然不能乘隙而入。

【原文】

“无所为而为”，这五字是圣学根源。学者入门念头就要在这上做。今人说话第二三句便落在有所为上来，只为毁誉利害心脱不去，开口便是如此。

【译文】

“无所为而为”，这五个字是圣学的根源所在。求学的人在入门的时候就要有这个念头并照此去做。现在的人一开口，说不上两三句话就落在有所为上来。只是因为摆脱不了毁誉、利害之心，以致一开口便是这样。

【原文】

古之学者在心上做工夫，故发之外面者为盛德之符；今之学者在外面做工夫，故反之于心则为实德之病。

【译文】

古代求学的人，注重在内心的修养上下功夫，所以体现在外表上同他具有的高尚品德相符合；现在求学的人，只是在表面上下功夫，同他内心所想的完全相反，因而有损于德行。

【原文】

事事有实际，言言有妙境，物物有至理，人人有处法，所贵乎学者，学此而已。无地而不学，无时而不学，无念而不学，不会其全、不诣其极不止，此之谓学者。今之学者果如是乎？留心于浩瀚博杂之书，役志于靡丽刻削之辞，耽心于凿真乱俗之技，争胜于烦劳苛琐之仪，可哀矣！而醉梦者又贸贸昏昏，若痴若病，华衣甘食而一无所用心，不尤可哀哉！是故学者贵好学，尤贵知学。

【译文】

件件事中都有实际，句句话中都蕴含着妙境，每个事物中都包含着至理，任何人都有与人相处的方法，学者最可贵的，就是能学这些而已。没有一个地方不在学，没有一个时刻不在学，没有一个念头不在学，不全部学会、不达到顶点不停止，这才叫学者。现在的学者果真能做到这样吗？他们留心于浩瀚、繁多、芜杂的书籍，用心于靡丽、雕琢、险僻的文辞，沉迷于穿凿附会、以假乱真、扰乱世俗的技巧，争胜于烦劳、苛刻、琐碎的仪式，真是可悲啊！而那些处于醉梦之中的人又贸贸昏昏、若痴若病，华衣甘食，而对什么事都无所用心，不是更可悲！所以学者所贵的是好学，尤其可贵的是知道该学什么。

【原文】

古之君子病其无能也，学之；今之君子耻其无能也，讳之。

【译文】

古时候的君子以自己无能为弊病，就努力去学；现在的君子以自己无能为可耻，却竭力去掩饰。

【原文】

无才无学，士之羞也；有才有学，士之忧也。夫才学非有之为难，降伏之难。君子贵才学以成身也，非以矜己也；以济世也，非以夸人也。故才学如剑，当可试之时一试，不则藏诸室，无以炫弄，不然，鲜不为身祸者。自古十人而十，百人而百，无一幸免，可不忧哉？

【译文】

无才无学，是读书人的耻辱；有才有学，是读书人的忧患。想要拥有才学不是难事，驾驭才学才是难事。君子所贵的是使才学能够成就自身，而不是用来炫耀自己；是为了匡时济世，而不是用来夸耀于人。所以说才学如剑，在可用的时候要用，不用的时候就藏在剑鞘中，不要炫弄，不然，很少有不成为自身祸患的。自古以来，那些爱炫耀自己才学的人，十人中有十人，百人中有百人，无一人可以侥幸免除祸患，这难道不让人担忧吗？

【原文】

道学不行，只为自家根脚站立不住。或倡

而不和，则势孤；或守而众挠，则志惑；或为而不成，则气沮；或夺于风俗，则念杂。要挺身自拔，须是有万夫莫当之勇，死而后已之心。不然，终日三五聚谈，焦唇敝舌，成得甚事？

【译文】

道德学问不能推行，只是因为自己的脚跟站立不稳。或者因为自己提倡而无人应和，就会势单力孤；或者因为自己坚守而众人阻挠，就会意志昏惑；或是因为努力去做没有成功，就会灰心丧气；或者因为受风俗影响，就会产生杂念。要想挺身自拔，必须要有万夫莫当之勇，死而后已之心。不然，整天只是三五人聚在一起闲谈，即使谈得唇焦舌敝，又能成就什么事业呢？

【原文】

役一己之聪明，虽圣人不能智；用天下之耳目，虽众人不能愚。

【译文】

只运用自己一个人的聪明，即使是圣人也不能足智多谋；能运用天下人的智慧，即使是一般人也不会愚蠢。

【原文】

屋漏之地可服鬼神，室家之中不厌妻子，然后谓之真学、真养。勉强于大庭广众之中，幸一时一事不露本象，遂称之曰贤人君子，恐未必然。

【译文】

在屋中最隐蔽的地方可以使鬼神信服，在家庭之中不被妻子儿女厌恶，能够做到这一点，才可以说是有真学识、真修养。勉强在大庭广众中克制自己，侥幸在某一时刻、某一件事情上不露出本相，就称之为贤人君子，恐怕未必是这样。

【原文】

这一口呼吸去，万古再无复返之理。呼吸暗积，不觉白头，静观君子所以抚髀而爱时也。然而爱时不同，富贵之士叹荣显之未极，功名之士叹事业之未成，放达之士恣情于酒以乐馀年，贪鄙之士苦心于家以遗后嗣。然犹可取者，功名之士耳。彼三人者，何贵于爱时哉？惟知道君子忧年数之日促，叹义理之无穷，天生此身无以称塞，诚恐性分有缺，不能全归，错过一生也。此之谓真爱时。所谓此日不再得，此日足可惜者，皆救火追亡之念，践形尽性之心也。呜呼！不患无时，而患弃时。苟不弃时，而此心快足，虽夕死何恨？不然，即百岁，幸生也。

【译文】

这一口呼吸过后，万古也不会再返回来。每天一呼一吸，不断地积累，不知不觉头发就白了。所以冷静地观察这一现象的君子，会拍着大腿感叹时光的易逝而爱惜时光。然而爱惜时光是各不相同的，富贵之士感叹荣华显贵没能达到极点，功名之士感叹事业还没有成就，放达之士纵情于美酒以乐余年，贪鄙之士苦心经营家业以留给子孙。

这里尚可取的，只有功名之士而已。其他的三种人，他们的爱惜时光又有什么可贵的呢？只有求道的君子忧虑年岁一天天过去，感叹义理的无穷无尽，上天生下自己的身体没有义理充塞，唯恐性分有所欠缺不能全部归还上天，而错过了一生。这才叫真正爱惜时光。平时所说的此日不再得，此日足可惜的话，都是勉励人要有救火追亡般的紧迫感，要有尽力体现人天赋资质、修养完满心性的意念。啊！不要忧虑时光不多，而要担心浪费时光。如果不浪费时光而心情愉快满足，即使晚上就死，又有什么遗憾呢？不然，即使活一百岁，也是苟且偷生。

【原文】

身不修而惴惴焉，毁誉之是恤；学不进而汲汲焉，荣辱之是忧，此学者之通病也。

【译文】

不加强自身的修养，整天惴惴不安，只为个人的毁誉而担心；不努力求学，成天急切奔忙，只为个人的荣辱而忧心。这是求学人的通病。

【原文】

学问大要，须把天道、人情、物理、世故识得透彻，却以胸中独得中正底道理消息之。

【译文】

做学问的关键，是必须把天道、人情、物理、世故认识得非常透彻，然后用胸中自己得到的中平正直的道理去消化它、理解它。

【原文】

学者只能使心平气和，便有几分工夫。心

平气和人遇事却执持担当，毅然不挠，便有几分人品。

【译文】

做学问的人只要能做到心平气和，就有了几分工夫。心平气和的人遇到大事、难事时能把握得住、担当得起，坚决果断、百折不挠，就有了几分人品。

【原文】

休蹑着人家脚跟走，此是自得学问。

【译文】

不踩着别人脚跟走，这才能求取属于自己的学问。

卷三 内篇 射集

应 务

【原文】

闲暇时留心不成，仓卒时措手不得。胡乱支吾，任其成败，或悔或不悔，事过后依然如昨。世之人如此者，百人而百也。“凡事豫则立”，此五字极当理会。

【译文】

闲暇时不留心，一遇到匆忙的事情就不能应付自如。胡乱应付，支吾搪塞，不管事情是成功还是失败。有的会后悔，有的根本就不知道后悔，事情过后依然如故。世上这种不注意总结经验教训的人太多了。“凡事都要预先有所准备才能成功”，这个道理是应当认真理会的。

【原文】

实见得是时，便要斩钉截铁，脱然爽洁，做成一件事，不可拖泥带水，靠壁倚墙。

【译文】

确实看得真切时，就要坚决果断、爽快麻利地去做。要做成一件事，是不能拖泥带水、犹豫不决的。

【原文】

责善要看其人何如，其人可责以善，又当自尽长善救失之道。无指摘其所忌，无尽数其所失，无对人，无峭直，无长言，无累言，犯此六戒，虽忠告，非善道矣。其不见听，我亦且有过焉，何以责人？

【译文】

劝人向善，要看这个人本身怎么样，如果这个人可以劝他向善，就应当不断完善我们使他向善改过的方法。不要指责他忌讳的事，不要把他的过错一个不漏地都说出来，不要当着别人的面来指责他，不要过分地严峻刚直，不要长篇大论，不要喋喋不休。犯了这六戒，即使是忠告，也不是好的方法。如果对方不愿听，我本身肯定也有过错，怎能怪罪别人呢？

【原文】

余行年五十，悟得“五不争”之味。人问之，曰：“不与居积人争富，不与进取人争贵，不与矜饰人争名，不与简傲人争礼，不与盛气人争是非。”

【译文】

我五十岁时，悟出了“五不争”的道理。有人问什么是“五不争”，我说："不与积聚产业的人争富，不与追求功名的人争贵，不与喜欢自我夸耀的人争名，不与简慢狂傲的人争礼节，不与盛气凌人的人争是非。"

【原文】

做天下好事，既度德量力，又审势择人。"专欲难成，众怒难犯"此八字者，不独妄动人宜慎，虽以至公无私之心行正大光明之事，亦须调剂人情，发明事理，俾大家信从，然后动有成，事可久。盘庚迁殷，武王伐纣，三令五申，犹恐弗从。盖恒情多暗于远识，小人不便于己私，群起而坏之，虽有良法，胡成胡久？自古皆然，故君子慎之。

【译文】

要做成有益于天下的好事，既要衡量自己的品德能否服人、自己的力量能否胜人，又要善于审察时势、选择好使用的人。"专欲难成，众怒难犯"这八个字，不仅随便行动的人要慎重，即使以至公无私之心行正大光明之事的人，也须调剂人情，讲明事理，使人家信服听从，然后行动才能成功，事情才能持久。盘庚迁殷、武王伐纣，他们都三令五申，还怕民众不从。因为远见卓识常常被人之常情所遮掩，小人遇到不利于自己的事情，就会群起破坏，即使有好方法，怎能成功？怎能长久？自古以来都是如此，所以君子要慎重。

【原文】

理直而出之以婉，善言也，善道也。

【译文】

道理充分正确，又能用委婉的语言说出来，这就是善于说话，善于讲道理。

【原文】

处世常过厚无害，惟为公持法则不可。

【译文】

日常处世待人多些宽厚没有害处，但在为公执法时却不可太宽厚。

【原文】

干天下事无以期限自宽。事有不测，时有不给，常有馀于期限之内，有多少受用处！

【译文】

无论做什么事，不要以规定的期限较长来宽慰自己。因为事情有难以预料的变化，时间也有不足的，如果在限期之内做到留有余地，就会有许多益处。

【原文】

将事而能弭，当事而能救，既事而能挽，此之谓达权，此之谓才；未事而知其来，始事而要其终，定事而知其变，此之谓长虑，此之谓识。

【译文】

将要发生的事能够平息，正在发生的事能够补救，发生以后的事能够挽回，这叫做通权达变，这就是才能。事情还未来临时能预知它会到来，刚开始时能估计到它的结果，已经确定了的能知道它的变化，这叫做长虑，这就是识见。

【原文】

凡祸患，以安乐生，以忧勤免；以奢肆生，以谨约免；以觖望生，以知足免；以多事生，以慎动免。

【译文】

所有的祸患都是由于安逸享乐而产生，由于忧思、勤奋而得以免除；由于奢侈、任意妄为而产生，由于谨慎、自制而得以免除；由于贪得无厌而产生，由于知足而得以免除；由于多事而产生，由于慎重行事而得以免除。

【原文】

任难任之事，要有力而无气；处难处之人，要有知而无言。

【译文】

承担困难的事情时，要有能力而不能冲动；同难以相处的人交往时，要了解其人而不要多说话。

【原文】

昏暗难谕之识，优柔不断之性，刚愎自是之心，皆不可与谋天下之事。智者一见即透，练者触类而通，困者熟思而得。三者之所长，谋事之资也，奈之何其自用也？

【译文】

昏暗难懂的见识，优柔寡断的性格，刚愎自用的心志，这样的人都

不能和他们谋划天下的大事。有智慧的人一看就清楚，练达的人能触类旁通，困惑的人深思熟虑后可以有所得。这三种人的长处，正是谋划事情的凭借，怎能只依靠自己的力量呢？

【原文】

事必要其所终，虑必防其所至。若见眼前快意便了，此最无识。故事有当怒而君子不怒，当喜而君子不喜，当为而君子不为，当已而君子不已者。众人知其一，君子知其他也。

【译文】

做事必须要考虑到最终的结果，思虑必须要预防会发生的事情。如果只看到眼前痛快就行了，这是最没有见识的。所以事情有当愤怒而君子不愤怒的，有当高兴而君子不高兴的，有当做而君子不做的，有当停止而君子不停止的。这是因为一般的人只知道某个方面，而君子知道其他方面。

【原文】

激之以理法，则未至于恶也，而奋然为恶；

愧之以情好，则本不徙义也，而奋然向义。此游说者所当知也。

【译文】

用义理、法律去刺激，即使原本没有恶念的人也会奋然为恶；用情感、喜好去打动，即使本来不追随道义的，也会奋然追求道义。这是游说的人所应当知道的。

【原文】

人有言不能达意者，有其状非其本心者，有其言貌诬其本心者。君子观人，与其过察而诬人之心，宁过恕以逃人之情。

【译文】

人有言语不能表达本意的，有外在表现不是反映本心的，有言语外貌掩盖本心的。所以君子观察人，与其过于苛察而弄错他人的本心，不如多多宽恕他人。

【原文】

天下之事，有速而迫之者，有迟而耐之者，有勇而劫之者，有柔而折之者，有愤而激之者，有喻而悟之者，有奖而歆之者，有甚而淡之者，有顺而缓之者，有积诚而感之者。要在相机因时，舛施未有不败者。

【译文】

天下的事情，有迅速而急迫的，有迟缓而须等待的，有靠勇敢而取得的，有借助柔和的方法而使人折服的，有需用愤怒的办法而激发起来的，有需要通过启发而使人醒悟的，有用奖励的办法而使人高兴的，有要使用欲擒故纵的方法的，有用顺从的办法而变得缓和的，有通过积累诚意而感化人的。运用这些方法的关键在于把握机会、顺应时势，错误地施行没有不失败的。

【原文】

我益智，人益愚；我益巧，人益拙。何者？相去之远而相责之深也。惟有道者，智能谅人之愚，巧能容人之拙，知分量不相及，而人各有能不能也。

【译文】

我越是有智慧，显得他人越愚蠢；我越是灵巧，显得他人越笨拙。为什么呢？相差太远而责望太深的缘故。只有道德修养高的人，自己有智慧却能体谅他人的愚蠢，自己灵巧却能容忍他人的笨拙。因为他们知道每个人的天分各不相同，而每个人又各有所长各有所短。

【原文】

古人爱人之意多，今日恶人之意多。爱人，故人易于改过，而视我也常亲，我之教常易行；恶人，故人甘于自弃，而视我也常仇，我之言益不入。

【译文】

古代的人爱护他人的心意多，现在的人厌恶他人的心意多。因为我爱护他，所以人容易改正错误，并对我也会亲近，我对他的教育也常常容易接受；因为我厌恶他，所以人甘于自暴自弃，并且常常把我视为仇敌，我对他的教诲就更加听不进去了。

【原文】

观一叶而知树之死生，观一面而知人之病否，观一言而知识之是非，观一事而知心之邪正。

【译文】

观察一片树叶就可以知道一棵树是死还是生，观察一个人的面色就可以知道这个人是否有病，听一个人讲的一句话就可以知道这个人的认识是否正确，看一个人所做的一件事就可以知道这个人的心术是邪还是正。

【原文】

论理要精详，论事要剀切，论人须带二三分浑厚。若切中人情，人必难堪。故君子不尽人之情，不尽人之过，非直远祸，亦以留人掩饰之路，触人悔悟之机，养人体面之馀，亦天地涵蓄之气也。

【译文】

论理要精辟详尽，论事要跟事理相合，论人要带有二、三分浑厚之心。如果说中了内心的真情，他人必定难堪。所以君子不会把他人的内情完全说穿，不会尽数他人的过失。这不只是为了远离祸患，也是为了给他人留下掩饰的余地，触发他人的悔悟之心，维护他人做人的体面，这也是天地涵养蓄积万物的气量。

【原文】

凡有横逆来侵，先思所以取之之故，即思

所以处之之法，不可便动气。两个动气，一对小人，一般受祸。

【译文】

每当有横暴的行为来侵犯自己时，先要想想招惹这种横暴行为的原因，然后再思考处理的办法，切不可一下就生气发怒。如果双方都动气，那两个就都是小人，都一样遭祸。

【原文】

以时势低昂理者，众人也；以理低昂时势者，贤人也；惟理是视，无所低昂者，圣人也。

【译文】

凭着时势褒贬理的人，是普通人；凭着理褒贬时势的人，是贤人；按理行事什么也不褒贬的人，是圣人。

【原文】

贫贱以傲为德，富贵以谦为德，皆贤人之见耳。圣人只看理当何如，富贵贫贱除外算。

【译文】

贫贱时以傲世为美德，富贵时以谦虚为美德，这些都只是贤人的见解罢了。圣人只看理本如何，根本不会考虑富贵贫贱。

【原文】

世人相与，非面上则口中也。人之心固不能掩于面与口，而不可测者则不尽于面与口也。故惟人心最可畏，人心最不可知。此天下之陷阱，而古今生死之衢也。余有一拙法，推之以至诚，施之以至厚，持之以至慎，远是非，让利名，处后下，则夷狄鸟兽可骨肉而腹心矣。将令深者且倾心，险者且化德，而何陷阱之予及哉？不然，必予道之未尽也。

【译文】

世人相交，不表现在面貌上就表现在语言中。人的内心固然不能被表情和语言所掩盖，但深不可测，也不是表情和语言就能完全表现出来的。所以说只有人心最可怕，人心最不可知。人心是天下的陷阱，是古今生死之道。我有一个笨办法：用至诚之心待人，用至厚之情待人，用谨慎的态度待人，远离是非之地，谦让名声利益，甘处低下和后面的地位，这样做，即使是夷狄鸟兽也可变成骨肉之亲和心腹之人了。这样将使那些城府深的人能倾心相处，让那些险恶的人被道德感化，还有什么陷阱能使我陷入呢？如果做不到这些，那一定是我做得还不够的缘故。

【原文】

处世只一“恕”字，可谓以己及人，视人犹己矣。然有不足以尽者。天下之事，有己所不欲而人欲者，有己所欲而人不欲者。这里还须理会，有无限妙处。

【译文】

为人处世要宽恕，这就是以己及人，把别人当做自己去看待。但这还不够。天下的事，有自己不想做而别人想做的，有自己想做而别人不想做的。这里只要好好地体会，就会有妙不可言的地方。

【原文】

宁开怨府，无开恩窦。怨府难充，而恩窦易扩也；怨府易闭，而恩窦难塞也。闭怨府为福，而塞恩窦为祸也。怨府一仁者能闭之，恩窦非仁、义、礼、智、信备不能塞也。仁者布大德，不干小誉；义者能果断，不为姑息；礼者有等差节文，不一切以苦人情；智者有权宜运用，不张皇以骇闻听；信者素孚人，举措不生众疑，缺一必无全计矣。

【译文】

宁可开一个众怨所归的怨府，也不能开一条胡乱施恩的通道。怨府难以填满，而恩道容易扩大；怨府容易关闭，而恩道难以堵塞。关闭了怨府能带来福分，而堵塞了恩道会招来祸殃。怨府只要具有仁的美德的人就可以关闭它，恩道非具有仁、义、礼、智、信五种美德的人不能堵塞。有仁德的人宣施大德，不求小小的荣誉；讲义气的人能果断，不会姑息养奸；按礼仪办事的人有等差节制，不会一概而不合人情；有智慧的人能运用变通的办法，不会张皇失措来骇人听闻；讲信用的人向来被人信服，他实行的办法不会受人怀疑。这五种品德缺了一种，就想不出万全之计。

【原文】

君子与小人共事必败，君子与君子共事亦未必无败，何者？意见不同也。

【译文】

君子与小人共事必然失败，君子与君子共事也未必不失败，为什

么呢？是因为意见不同的缘故。

【原文】

万弊都有个由来，只救枝叶，成得甚事？

【译文】

各种弊端的产生都有它的原因，如果只在细枝末节上下功夫，那能做成什么事呢？

【原文】

与小人处，一分计较不得，须要放宽一步。

【译文】

同小人相处，一点儿也不能计较，必须放宽一步才行。

【原文】

处天下事，只消得“安详”二字。虽兵贵神速，也须从此二字做出。然安详非迟缓之谓也，从容详审，养奋发于凝定之中耳。是故不闲则不忙，不逸则不劳。若先怠缓，则后必急躁，是事之殃也。十行九悔，岂得谓之安详？

【译文】

处理天下的事，只需要“安详”二字。即使兵贵神速，也须要从这两字做起。但安详不是迟缓的意思，而是从容镇定、精详周密，在凝定之中培养奋发的精神的意思。因此，不安闲就不会忙碌，不安逸就不会劳累。如果先懈怠迟缓，那么以后必定焦急浮躁，这是事情成功的祸殃。十次行动九次都会后悔，怎能叫做安详呢？

【原文】

果决人似忙，心中常有馀闲；因循人似闲，心中常有馀累。君子应事接物，常赢得心中有从容闲暇时便好。若应酬时劳扰，不应酬时牵挂，极是吃累底。

【译文】

果断的人看起来忙碌，实际上内心却有余暇和空闲。迟延拖拉的人看起来悠闲，实际上却很劳累。君子待人处事，能做到胸中从容闲暇就好，否则就会吃苦受累。如果应酬时疲劳不堪，不应酬时又牵挂不已，是非常累的。

【原文】

使气最害事，使心最害理，君子临事平心易气。

【译文】

意气用事最易坏事，使用心机最易害理，所以君子在处理事情时总是平心静气。

【原文】

字到不择笔处，文到不修句处，话到不检口处，事到不苦心处，皆谓之自得。自得者，与天遇。

【译文】

写字到了不择笔的程度，写文章到了不需要修饰句子的程度，说话到了不用想就能说的程度，做事到了不须熬费苦心就可以办好的程度，这都叫做自得。自得，就是达到了与天合一的程度。

【原文】

神清人无忽语，机活人无痴事。

【译文】

神志清醒的人不会胡言乱语，机智灵活的人不会去做愚蠢的事。

【原文】

非谋之难，而断之难也。谋者尽事物之理，达时势之宜，意见所到不患其不精也。然众精集而两可，断斯难矣。故谋者较尺寸，断者较毫厘；谋者见一方至尽，断者会八方取中。故贤者皆可与谋，而断非圣人不能也。

【译文】

谋划并不困难，而决断却不是一件容易的事。谋划的人能穷尽事物的各种道理，分析事情是否适合时宜，因而他的意见是非常精细的。然而，把众多精细的意见汇集在一起，就会模棱两可、难以决断。所以说谋划的人计较尺寸，决断的人计较毫厘；谋划的人对一方面的情况考虑得很详尽，决断的人在听取各方面的意见后做出正确的决断。因此，贤人都可以参与谋划，而决断非圣人不可。

【原文】

人情不便处，便要回避。彼虽难于言，而心厌苦之，此慧者之所必觉也。是以君子体悉人情。悉者，委曲周至之谓也。恤其私、济其愿、成其名、泯其迹，体悉之至也，感人沦于心骨矣。故察言观色者，学之粗也；达情会意者，学之精也。

【译文】

人之常情不便于让人知道的地方就要回避。对方虽然不便说出口，但是心中却很苦恼，有智慧的人对这点是必须觉察到的。因此君子体悉人情。悉，就是委曲周全的意思。顾虑到他的私心，帮助他实现心愿，使他成名，并且不留痕迹，这就是体悉到极点，而能让人刻骨铭心地感动了。因此说察言观色是初等的学问，达情会意才是精深的学问。

【原文】

养态，士大夫之陋习也。古之君子养德，德成而见诸外者有德容。见可怒，则有刚正之德容；见可行，则有果毅之德容。当言，则终日不虚口，不害其为默；当刑，则不宥小故，不害其为量。今之人，士大夫以宽厚浑涵为盛德，以任事敢言为性气，销磨忧国济时者之志，使之就文法、走俗状，而一无所展布。嗟夫！治平之世宜尔，万一多故，不知张眉吐胆、奋身前步者谁也？此前代之覆辙也。

【译文】

修养表面的容态，是士大夫的陋习。古代的君子只养德，德成之后表现在外面就会有德容。见到可怒的事，就有方刚正直的德容；见到可做的事，就有果敢勇毅的德容。当说话的时候，终日不说虚言，这也不妨害称其为沉默的人；当处罚的时候，不原谅小的过错，这也不妨害称其为有容量的人。现在的人，士大夫把宽厚浑涵当做盛德，把任事敢言当做意气用事，这样就消磨了忧国济时者的志气，使他们屈就当时的成法、按世俗的一套行事而才能无法施展。唉！治平之世可以用这个方法，万一国家多难，不知扬眉吐气、肝胆相照、奋身向前的还有谁？这是前代已有的教训啊！

【原文】

临义莫计利害，论人莫计成败。

【译文】

大义面前，不要计较个人的利害得失；评论一个人，不要计较他的成功与失败。

【原文】

君子与人共事，当公人己而不私。苟事之成，不必功之出自我也；不幸而败，不必咎之归诸人也。

【译文】

君子与他人一起共事时，应公正对待自己和他人而不应有私心。如果事情办成了，不要把功劳归于自己；如果不幸失败了，也不要把责任推给他人。

【原文】

有当然，有自然，有偶然。君子尽其当然，听其自然，而不惑于偶然；小人泥于偶然，拂其自然，而弃其当然。噫！偶然不可得，并其当然者失之，可哀也。

【译文】

世上的事情，有理所当然的，有自然而然的，有偶然发生的。君子做事，应尽力去做理所当然的事，听任自然而然的事发展，而不被偶然出现的事迷惑；小人拘泥于偶然出现的事，违背自然而然的事，抛弃理所当然做的事。唉！结果偶然出现的没能得到，理所当然得到的也被丢掉了，这真是可悲！

【原文】

不为外撼，不以物移，而后可以任天下之

大事。彼悦之则悦，怒之则怒，浅衷狭量，粗心浮气，妇人孺子能笑之，而欲有所树立，难矣。何也？其所以待用者无具也。

【译文】

不因外界的影响而动摇心志，不为外物的诱惑而改变节操，这才可以担当天下的大任，干一番大的事业。见到别人高兴就高兴，见到别人发怒就发怒，内心浅薄，气量狭窄，粗心随意，心浮气躁，妇女小孩都会嘲笑他，这种人要想在事业上有所建树是很难的。为什么呢？就是因为他们不具备干大事业的素质。

【原文】

“明白简易”，此四字可行之终身。役心机，扰事端，是自投剧网也。

【译文】

“明白简易”，这四字可以终身奉行。费尽心机制造事端，是自投罗网。

【原文】

水之流行也，碍于刚，则求通于柔；智者之于事也，碍于此则求通于彼。执碍以求通，则愚之甚也，徒劳而事不济。

【译文】

水在流动的时候，遇到坚硬的障碍物就会在松软的地方通过；有智慧的人做事，在这方面碰到阻碍就会设法从别的方面下手。执守障碍以求得畅通，是非常愚蠢的，其结果只能是徒劳无功，难以成事。

【原文】

计天下大事，只在紧要处一着留心用力，别个都顾不得。譬之弈棋，只在输赢上留心，一马一卒之失，浑不放在心下。若观者以此预计其高低，弈者以此预乱其心目，便不济事。况善筹者以与为取，以丧为得；善弈者饵之使吞，诱之使进，此岂寻常识见所能策哉？乃见其小失而遽沮挠之，摈斥之，英雄豪杰可为窃笑矣，可为恸惋矣。

【译文】

考虑天下的大事，只需在紧要处专心用力就可以了，别的都不要管。譬如下棋，只在输赢上留心，丢失一马一卒不要放在心上。如果观棋的人用一马一卒的损失来预计胜负，下棋的人因他的预计而扰乱了心目便不会赢。何况善于筹划的人把给予当做获取，把丧失当做得到；善于棋道的人下了诱饵等对方上钩，引诱其前进，这岂能是一般见识所能策划的呢？如果因遭到小的失败就马上阻挠、抛弃，英雄豪杰可能会因此私下嘲笑，因此哀恸惋惜啊！

【原文】

士君子抱经世之具，必先知五用。五用之道未得，而漫尝试之，此小丈夫技痒、童心之所为也，事必不济。是故贵择人。不择可与共事之人，则不既厥心，不堪其任。或以虚文相欺，或以意见相倾，譬以玉杯付小儿，而奔走于崎岖之峰也。是故贵达时。时者，成事之期也。

机有可乘，会有可际，不先不后，则其道易行。不达于时，譬投种于坚冻之候也。是故贵审势。势者，成事之藉也。登高而招，顺风而呼，不劳不费，而其功易就。不审于势，譬行舟于平陆之地也。是故贵慎发。左盼右望，长虑却顾，实见得利矣，又思其害，实见得成矣，又虑其败，万无可虞则执极而不变。不慎所发，譬夜射仪的也。是故贵宜物。夫事有当蹈常袭故者，有当改弦易辙者，有当兴废举坠者，有当救偏补敝者，有以小弃大而卒以成其大者，有理屈于势而不害其为理者，有当三令五申者，有当不动声色者。不宜于物，譬苗莠兼存，而玉石俱焚也。嗟夫！非有其具之难，而用其具者之难也。

【译文】

士君子抱有经世之才，必须先知道“五用”，“五用”的道理还不知道就漫不经心地去尝试，这是小丈夫技痒或具有童心的人所做的事，事情必定不会成功。因此第一贵择人。不选择好可以共事的人，就不会尽其心，就不能担当其任。或以虚文相欺，或以意见相倾，这就好比把玉杯交给小孩，让他在崎岖的山峰间奔跑一样。第二贵达时。时，是事情成功的时机。时机有可乘，机会有可遇，不先不后，事情就容易成功。不选择好时机，就好比在冰冻的季节里播种一样。第三贵审势。势，是事情成功的依靠。登高招手，顺风呼喊，不费力气事情就办成了。不善于审势，就好比在陆地上行船一样。第四贵慎发。左盼右望，瞻前顾后做长远打算，确实看到有利可图又考虑到其中之害，确实看到可以成功又考虑到失败，直到万无一失才牢牢抓住不再改变。不慎而发,就好像黑夜里想用箭射中目标一样。第五贵宜物。事情有应当因袭旧例的,有应当改弦易辙的,有应当废兴举坠的,有应当救偏补弊的,有因小弃大而最终成就大业的,有理屈于势而不害其为理的,有应当三令五申的,有应当不动声色的。与物不相宜,就好像苗和杂草同时保留或玉石俱焚一样。唉!具有经世之才不是难事,而如何运用经世之才才是难事啊!

【原文】

腐儒之迂说,曲士之拘谈,俗子之庸识,躁人之浅见,谲者之异言,憸夫之邪语,皆事之贼也,谋断家之所忌也。

【译文】

迂腐之人的陈词滥调,拘谨之人的刻板谈话,庸俗之人的平凡见识,急躁之人的肤浅见解,狡诈之人的奇谈怪论,奸邪之人的邪言恶语,这些都有害于事情的成功,是谋略家最忌讳的。

【原文】

智者之于事,有言之而不行者,有所言非所行者,有先言而后行者,有先行而后言者,有行之既成而始终不言其故者。要亦为国家深远之虑,而求以必济而已。

【译文】

聪明的人做事情有多种多样,有说了而不做的,有所说的不是所做的,有先说后做的,有先做后说的,有做成之后始终不说其中的缘故的。重要的是要从国家的长远利益考虑,要以取得成功为准绳。

【原文】

善用力者就力，善用势者就势，善用智者就智，善用财者就财，夫是之谓乘。乘者，知几之谓也。失其所乘，则倍劳而功不就；得其所乘，则与物无忤，于我无困，而天下享其利。

【译文】

善于用力的借助力，善于用势的借助势，善于用智的借助智，善于用财的借助财，这叫做乘。乘，就是预知事物的苗头。失去所凭借的东西，就会加倍费力而不能成功；得到所凭借的东西，就能与事物不相背离，对我来说做起来也没有什么困难，而天下人能享有其利。

【原文】

字经三书，未可遽真也；言传三口，未可遽信也。

【译文】

一个字抄写三次，不能马上认为是真迹；一句话通过三个人的转述，也不能轻易地相信是真的。

【原文】

君子之处事有真见矣，不遽行也，又验众见，察众情，协诸理而协，协诸众情众见而协，则断以必行。果理当然，而众情、众见之不协也，又委曲以行吾理。既不贬理，又不骇人，此之谓理术。噫！惟圣人者能之，猎较之类是也。

【译文】

君子处理事情时有真知灼见，也不会立即去做，要看众人的意见，体察众人的情绪，理顺各种事理，理顺众人的情绪和见解，然后才可以决定付诸实际行动。果真是理应去做的，但众人的情绪和众人的见解还没有理顺，就要委婉地按照自己认定的道理去做。这样既不违犯常理，又不使人们感到惊讶，这就叫做理术。噫！只有圣人才能这样，道理与打猎大体类同。

【原文】

干天下大事非气不济。然气欲藏，不欲露；欲抑，不欲扬。掀天揭地事业不动声色，不惊耳目，做得停停妥妥，此为第一妙手，便是入神。譬之天地当春夏之时，发育万物，何等盛大流行之气！然视之不见，听之不闻，岂无风雨雷霆，亦只时发间出，不显匠作万物之迹，这才是化工。

【译文】

做天下大事不具有浩然正气不能成功。但是气要敛藏而不要显露；要抑制而不要张扬。干掀天揭地的事业能不动声色、不惊耳目地做得停停妥妥，这才是第一妙手，这就是入神。譬如天地，在春夏之时发育万物，这是何等盛大流行之气，然而看不见，听不到。难道没有风雨雷霆吗？也只是偶尔发出来而已，不显露出刻意创造万物的痕迹，这才是造化之工。

【原文】

疏于料事，而拙于谋身，明哲者之所惧也。

【译文】

预料事情疏漏而不周详，又不善于为自身谋划，这是明哲的人所畏惧的。

【原文】

实处着脚，稳处下手。

【译文】

在实处落脚，在稳处着手。

【原文】

姑息依恋，是处人大病痛。当义处，虽处骨肉亦要果断。鲁莽径直，是处事大病痛。当紧要处，虽细微亦要检点。

【译文】

无原则地宽容和恋恋不舍，是与人相处时的大缺点。在大义面前，即使是骨肉亲情也要果断行事。鲁莽轻率、直来直去，是处理事情的大缺点。在紧要关头，即使是很细小的事也要加以检点。

【原文】

正直之人能任天下之事。其才、其守，小事自可见。若说小事且放过，大事到手才见担当，这便是饰说，到大事定然也放过了。松柏生小便直，未有始曲而终直者也。若用权变时另有较量，又是一副当说话。

【译文】

正直的人能担当天下的大事。他的才能、操守在小事上就会表现出来。如果说小事暂且放过，面临大事时才见胆识，这便是文饰的话，这样的人遇到大事时必然承担不了。松柏还是小树时就是直的，没有开始弯曲而最终挺直的。如果是运用权变之术，那得用别的标准来衡量，就另当别论了。

【原文】

处人、处己、处事都要有馀，无馀便无救性，此里甚难言。

【译文】

对人，对己，对事都要留有余地，不留余地就难以补救，这里面的道理很难说得清楚明白。

【原文】

悔前莫如慎始，悔后莫如改图，徒悔无益也。

【译文】

与其对前面所做的事后悔，不如在开始做的时候就采取慎重态度；与其事后后悔，不如改变做法以求进展。仅仅是后悔什么用处也没有。

【原文】

事出于意外，虽智者亦穷，不可以苛责也。

【译文】

事出意料之外，即使是聪明人也无能为力，所以不能苛求责怪。

【原文】

天下之祸，多隐成而卒至，或偶激而遂成。隐成者贵预防，偶激者贵坚忍。

【译文】

天下的祸患，有许多是隐藏不露而突然发作的，或者由于偶然的激发而形成的。对于隐藏的祸患，重要的是要事先预防；对于偶然激发而来的祸患，重要的是坚持忍耐。

【原文】

当事有四要：际畔要果决，怕是绵；执持要坚耐，怕是脆；机括要深沉，怕是浅；应变要机警，怕是迟。

【译文】

做事时要做到四要：关键时要果断，怕的是拖沓；做时要坚韧，怕的是脆弱；心机要深沉，怕的是浅露；应变要机警，怕的是迟疑。

【原文】

君子动大事，十利而无一害，其举之也必矣。然天下无十利之事，不得已而权其分数之多寡，利七而害三，则吾全其利而防其害。又较其事势之轻重，亦有九害而一利者为之，所利重而所害轻也，所利急而所害缓也，所利难得而所害可救也，所利久远而所害一时也。此不可与浅见薄识者道。

【译文】

君子干大事，如果有十利而无一害，他必然决定干。然而天下无十利之事，不得已只好权衡利害的多少，如果利占七分害占三分，那么我就尽力地保全其利而防备其害。还有通过比较事情形势的轻重后，即使有九害而只有一利，也要干的。所以要干，是因为利比较重，而害比较轻；利能很快得到，而害发生得缓慢；利难以得到，而害还可以挽救；利能延续久远，而害只是暂时的。这些都不能和见识浅薄的人谈论。

【原文】

在我有馀，则足以当天下之感，以不足当感，未有不困者。识有馀，理感而即透；才有馀，事感而即办；力有馀，任感而即胜；气有馀，变感而不震；身有馀，内外感而不病。

【译文】

自身留有余地，就足以应对天下之事，而以不足来应对天下之事，没有不困厄的。识见有余，遇理即透；才能有余，遇事能办；力量有余，任事能成；气概有余，遇到变化也不会震惊；健康有余，身体受到侵袭也不会生病。

【原文】

天下之事，在意外者常多。众人见得眼前无事都放下心，明哲之士只在意外做工夫，故每万全而无后忧。

【译文】

天下之事出于意料之外的很多。普通人见眼前无事就放心了，而明哲之士却注重在防止意外上下功夫，所以他们做事常常万无一失而没有后顾之忧。

【原文】

不以外至者为荣辱，极有受用处，然须是里面分数足始得。今人见人敬慢，辄有喜愠心，皆外重者也。此迷不破，胸中冰炭一生。

【译文】

不以从外界所得到的作为荣或辱的标准，这是非常有益的，但这需要自己内心具有相当的修养才行。现在的人，见到别人对自己恭敬或傲慢，心里就产生欢喜或恼怒，这都是看重来自外界的荣辱。不破除这种迷惑，一生心里都不会好受。

【原文】

有一介必吝者，有千金可轻者，而世之论取与，动曰所直几何？此乱语耳。

【译文】

有时一文钱也必须吝惜，有时千金也可以轻视，而世人谈到得到和付出时，动不动就说值多少钱，真是胡说八道。

【原文】

才犹兵也，用之伐罪吊民，则为仁义之师；用之暴寡凌弱，则为劫夺之盗。是故君子非无才之患，患不善用才耳。故惟有德者能用才。

【译文】

运用才能如同用兵一样，用它来吊民伐罪，就是仁义之师；用它来欺寡凌弱，就是强盗。因此，君子不怕没有才能，而是怕不善于使用才能。只有品德高尚的人才善于使用才能。

【原文】

藏莫大之害，而以小利中其意；藏莫大之利，而以小害疑其心。此愚者之所必堕，而智者之所独觉也。

【译文】

一件事中隐藏着很大的祸患，而用小利使其满意；一件事中隐藏着很大的利益，而以小害让其疑惑。遇到这样的情况，愚昧的人必然上当受骗，而聪明的人却能看清其中的奥妙。

【原文】

今人见前辈先达作事，不自振拔，辄生叹恨，不知渠当我时也会叹恨人否？我当渠时能免后人叹恨否？事不到手，责人尽易。待君到手时，事事努力，不轻放过便好。只任哓哓责人，他日纵无可叹恨，今日亦浮薄子也。

【译文】

现在的人看到前辈先达所做的事业，不努力振作，只是感时叹世，不知假如他们处于我们这样的时世是否也会叹恨他人？我们处于他们的时世能否免于后人的叹恨？事不到手，要求别人做好很容易。但自己面临事情时，只有事事努力，不轻易放过才好。只是喋喋不休地责备别人，将来即使没有可让人叹恨的事情，现在也是个浮薄的人。

【原文】

区区与人较是非，其量与所较之人相去几何？

【译文】

为区区小事同他人争论是非，其气量与同你争论的人有什么两样呢？

【原文】

无识见底人，难与说话；偏识见底人，更难与说话。

【译文】

同没有见识的人，很难进行谈话；同有偏见的人，谈话更为困难。

【原文】

两君子无争，相让故也；一君子一小人无争，有容故也。争者，两小人也。有识者奈何自处于小人？即得之未必荣，而况无益于得？以博小人之名，又小人而愚者。

【译文】

两个君子在一起不会相争，这是因为互相谦让的缘故。一个君子、一个小人也不会相争，这是因为君子宽容的缘故。相争的只会是两个小人。有见识的人怎会把自己置于小人的境地呢？即使争到了也未必光荣，况且相争无助于取得呢？只不过博得个小人的名声罢了，这又是小人中愚蠢的人。

【原文】

方严是处人大病痛。圣贤处世离一温厚不得，故曰“泛爱众”，曰“和而不同”，曰“和而不流”，曰“群而不党”，曰“周而不比”，曰“爱人”，曰“慈祥”，曰“岂弟”，曰“乐只”，曰“亲民”，曰“容众”，曰“万物一体”，曰“天下一家，中国一人”。只恁踽踽凉凉冷落难亲，便是世上一个碍物。即使持正守方，独立不苟，亦非用世之才，只是一节狷介之士耳。

【译文】

方正严肃是与人相处的大毛病。圣贤处世离不开温厚二字，所以说“泛爱众（博爱众人）”，又说“和而不同（和谐而不阿附）”，又说“和而不流（和顺而不随波逐流）”，又说“群而不党（合群而不搞宗派)”，又说“周而不比（广泛团结而不偏袒）”，又说“爱人”，又说“慈祥”，又说“岂弟（平易）”，又说“乐只（快乐）”，又说“亲民”，又说“容众”，又说“万物一体”，又说“天下一家，中国一人”。如果只是孤独寂寞、冷落难亲，就是世上一个碍事的东西。即使持正守方、独立不苟，也不是治世的有用之才，只能算是一个性情正直的人罢了。

【原文】

谋天下后世事，最不可草草，当深思远虑。众人之识，天下所同也，浅昧而狃于目前。其次有众人看得一半者，其次豪杰之士与练达之人得其大概者，其次精识之人有旷世独得之见者，其次经纶措置当时不动声色、后世不能变易者。至此，则精矣，尽矣，无以复加矣，此之谓大智，此之谓真才。若偶得之见，借听之言，翘能自喜而攘臂直言天下事，此老成者之所哀，而深沉者之所惧也。

【译文】

谋划天下后世的事，千万不可草率，应当深思熟虑。一般人的见识都是相同的，浅薄愚昧而又只顾目前的利益。其次，有些人能看清事情的一半。其次，豪杰之士与练达之人，能看清事情的大概。其次，精见卓识的人能有旷世独得的见解。其次，有的人筹划治理国家的大策，运用于当时虽没有轰轰烈烈的表现，但这些大策后世都不会改变。到了这种地步，就至精至善，无以复加了。这才叫做大智，叫做真才。如果是偶得之见，道听途说之言，还翘然自喜、挥臂直言天下之事，这是老成的人感到可悲，深沉的人感到可怕的。

【原文】

而今只一个"苟"字支吾世界，万事安得不废弛？

【译文】

而今只知道用苟且偷安来应付世间诸事，各种各样的事岂有不废弛之理？

【原文】

天下事要乘势待时。譬之决痈，待其将溃，则病者不苦而痈自愈。若虺蝮毒人，虽即砭手断臂，犹迟也。

【译文】

天下之事要因势利导、待机而行。犹如割开脓疮一样，一定要等到它将要溃烂时才可动手。这时割开病人没有痛苦，而脓疮也会自然痊愈。如果是虺蝮毒伤人，即使当时砍断手臂也为时已晚。

【原文】

饭休不嚼就咽，路休不看就走，人休不择就交，话休不想就说，事休不思就做。

【译文】

饭不要不嚼就咽下去，路不要不看清就走，朋友不要不选择就与之交往，话不要不想就说，做事不要不想就做。

【原文】

两相磨荡，有皆损，无俱全，特大小、久近

耳。利刃终日断割，必有缺折之时；砥石终日磨砻，亦有亏消之渐。故君子不欲敌人，以自全也。

【译文】

两个东西互相摩擦碰撞，双方都会受损，不会都完好无缺，只是损害有大小、远近的分别罢了。利刀整天切割东西，必然有缺折的时候；磨刀石终日摩擦，也会渐渐地亏损。所以君子不与人为敌，以此来保全自己。

【原文】

见前面之千里，不若见背后之一寸。故达观非难，而反观为难。见见非难，而见不见为难。此举世之所迷，而智者之独觉也。

【译文】

看到前面千里远的地方，不如能看到背后一寸远的地方。所以说遍观不难，而反观就难了。看到能看到的东西不难，而看到不能看到的东西就难了。对这一点，世上的人都认识不清，只有智者才能体会得到。

【原文】

誉既汝归，毁将安辞？利既汝归，害将安辞？功既汝归，罪将安辞？

【译文】

荣誉既然被你得到了，哪能避免诋毁？利益既然被你得到了，哪能避免危害？功勋既然被你得到了，哪能避免指责？

【原文】

圣贤之量空阔，事到胸中如一叶之泛沧海。

【译文】

圣贤的心胸宽广开阔，任何事情到了心中就好像一叶扁舟漂浮在大海中一样。

【原文】

热闹中空老了多少豪杰，闲淡滋味惟圣贤尝得出，及当热闹时也只以这闲淡心应之。天下万事万物之理都是闲淡中求来，热闹处使用。是故，静者动之母。

【译文】

在热闹繁华处，有多少英雄豪杰虚度了时光而一天天衰老，闲淡滋味只有圣贤才能品尝得出来。到了热闹的时候，也只以这闲淡心去应对。天下万事万物的道理都是从闲淡中体悟出来的，而在热闹时才使用它。因此说静为动之母。

【原文】

圣人掀天揭地事业只管做，只是不费力；除害去恶只管做，只是不动气；蹈险投艰只管做，只是不动心。

【译文】

圣人对于惊天动地的事业只管去做，只是不费力；对于除害去恶的事只管去做，只是不动气；对于赴汤蹈火的事只管去做，只是不动心。

【原文】

君子所得不同，故其所行亦异。有小人于此，仁者怜之，义者恶之，礼者处之不失体，智者处之不取祸，信者推诚以御之而不计利害，惟圣人处小人得当可之宜。

【译文】

君子通过修养所获得的德行不同，因而他们的所作所为也不同。对待小人，仁者怜悯他，义者厌恶他，礼者和他相处不失礼，智者和他相处不惹祸，诚信的人用诚心来防御他而不计较对自己有利还是有害，只有圣人和小人相处能做到恰如其分。

【原文】

仕途上只应酬，无益人事，功夫占了八分，更有甚精力时候修正经职业？我尝自喜行三种方便，甚于彼我有益：不面谒人，省其疲于应接；不轻寄书，省其困于裁答；不乞求人看顾，省其难于区处。

【译文】

在官场上一味应酬，对处理人事没有什么好处。功夫占去了八分，还有什么精力、时间去做正经事呢？我曾喜欢行三种方便，对于对方和我自己很有好处：一是不去拜访人，省得别人疲于应接；二是不轻易给人写信，省得对方为回信的事所困扰；三是不乞求别人照顾，省得对方难以处理。

【原文】

儒者先要个不俗，才不俗，又怕乖俗。圣人只是和人一般，中间自有妙处。

【译文】

读书人首先要做到不庸俗。才做到不庸俗，又要注意不违反习俗。圣人看起来和常人一样，只是圣人自有他的精妙之处。

【原文】

处毁誉，要有识有量。今之学者，尽有向上底，见世所誉而趋之，见世所毁而避之，只是识不定。闻誉我而喜，闻毁我而怒，只是量不广。真善恶在我，毁誉于我无分毫相干。

【译文】

面对诽谤和赞誉时要有识有量。现在的学者，尽管看起来有向上的，但见到世人所赞誉的事就追求，见到世人所诽谤的事就避开，这样做只能说没有一定的识见。听到别人称赞我就高兴，听到别人诽谤我就恼怒，只说明气量太窄。真正的善恶在于我自己，别人的诽谤、赞誉和我无分毫相干。

【原文】

接人要和中有介，处事要精中有果，认理要正中有通。

【译文】

待人要平和而有原则，处理事情要精细而又果断，认识道理要不偏不倚还要能够变通。

【原文】

天下之事，常鼓舞不见罢劳，一衰歇便难振举。是以君子提醒精神，不令昏眊；役使筋骨，不令怠惰，惧振举之难也。

【译文】

天下的事，常常鼓舞激励就不会疲劳停止，因为气一衰竭便难以振作起来。所以君子要提起精神，不使精神昏乱；要勤于劳作，不使自己懈怠懒惰，怕的是振作起来困难啊！

【原文】

实言、实行、实心，无不孚人之理。

【译文】

诚实的议论、诚实的行动和诚实的心理，没有不使人信服的道理。

【原文】

当大事，要心神定，心气足。

【译文】

承担大事业时，要心神安定，信心充足。

【原文】

世间无一处无拂意事，无一日无拂意事，惟度量宽宏有受用处，彼局量褊浅者空自懊恨耳。

【译文】

世间没有哪一个地方没有拂逆人意的事，没有哪一天没有拂逆人意的事。只有度量宽宏的人才能从拂逆人意的事中受益，那些气量褊狭浅薄的人只会徒然懊恨罢了。

【原文】

事到手且莫急，便要缓缓想；想得时切莫缓，便要急急行。

【译文】

事到手时暂且不要急，而要慢慢想如何去做；想通后千万不要拖延，而要立即着手去做。

【原文】

富贵，家之灾也；才能，身之殃也；声名，谤

之媒也；欢乐，悲之藉也。故惟处顺境为难。只是常有惧心，退一步做，则免于祸。

【译文】

富贵，是家的灾难；才能，是自身的祸殃；声名，是诽谤的媒介；欢乐，是悲痛的凭借。所以只有处于顺境时最难把握。只有常怀忧惧之心，退一步做，才能免于祸患。

【原文】

义所当为，力所能为，心欲有为，而亲友挽得回，妻孥劝得止，只是无志。

【译文】

从道义上讲应当做，从力量来看能够做，从内心里也想做，可是却被亲友挽回、妻子儿女劝住，这是无志。

【原文】

养定者，上交则恭而不迫，下交则泰而不忽，处亲则爱而不狎，处疏则真而不厌。

【译文】

修养到家的人，与地位高的人交往会恭敬而不窘迫，与地位低的人交往会安宁而不疏忽，同亲近的人相处会亲爱而不狎昵，同疏远的人相处会真诚而不厌烦。

【原文】

责人要含蓄，忌太尽；要委婉，忌太直；要疑似，忌太真。今子弟受父兄之责也，尚有所不堪，而况他人乎？孔子曰：“忠告而善道之，不可则止。”此语不止全交，亦可养气。

【译文】

责备他人要含蓄，切忌太尽；要委婉，切忌太直；要似是而非，切忌太真。现在儿子、弟弟受到父亲、兄长的责备，尚且有不能忍受的，更何况他人呢？孔子说：“真诚地告诫而且很好地说出来，如果不听的话就算了。”这句话不只可以保全友谊，也可以培养气量。

【原文】

祸莫大于不体人之私而又苦之，仇莫深于不讳人之短而又讦之。

【译文】

灾祸没有比不仅不体恤他人的私心反而使其难堪更大的了，仇恨没有比不仅不讳言他人的过失反而对其进行攻讦更深的了。

【原文】

肯替别人想，是第一等学问。

【译文】

肯为别人着想，是第一等的学问。

【原文】

置其身于是非之外，而后可以折是非之中；置其身于利害之外，而后可以观利害之变。

【译文】

置身于是非之外，然后才可以折中是非；置身于利害之外，然后才可以静观利害的变化。

【原文】

大丈夫看得生死最轻，所以不肯死者，将以求死所也。死得其所，则为善用死矣。成仁取义，死之所也，虽死贤于生也。

【译文】

大丈夫把生死看得最轻，但之所以不肯轻易去死，是为了能够死得其所。能够死得其所，就是善于面对死的人。为仁义而死，就是死得其所，这样的死比活着还好。

【原文】

只大公了，便是包涵天下气象。

【译文】

只要能大公无私，就有包涵天下的气象。

【原文】

对忧人勿乐，对哭人勿笑，对失意人勿矜。

【译文】

面对忧愁的人不要表现出快乐，面对哭泣的人不要笑起来，面对失意的人不要骄傲自夸。

【原文】

卑幼有过，慎其所以责让之者：对众不责，愧悔不责，暮夜不责，正饮食不责，正欢庆不责，正悲忧不责，疾病不责。

【译文】

地位低的和年纪小的人有过错，在以下几种情况下责备他们千万要谨慎：当着众人的面不责备他们，已经感到羞愧后悔了不责备他们，在夜晚不责备他们，正在吃饭时不责备他们，正在欢庆时不责备他们，正在悲忧时不责备他们，正在生病时不责备他们。

【原文】

恩莫到无以加处。情薄易厚，爱重成隙。

【译文】

施恩千万不要到无以复加的地步。因为感情淡薄时还容易使感情变得深厚，而恩爱过重了感情上会出现裂痕。

养　生

【原文】

夫水，遏之乃所以多之，泄之乃所以竭之。惟仁者能泄，惟智者知泄。

【译文】

流动的水，堵塞它，它就会聚积更多；疏泄它，它就会流走枯干。只有仁者能够疏泄，只有智者知道怎样疏泄。

【原文】

天地间之祸人者，莫如多；令人易多者，莫

如美。美味令人多食，美色令人多欲，美声令人多听，美物令人多贪，美官令人多求，美室令人多居，美田令人多置，美寝令人多逸，美言令人多入，美事令人多恋，美景令人多留，美趣令人多思，皆祸媒也。不美则不令人多，不多则不令人败。予有一室，题之曰“远美轩”，而匾其中曰“冷淡”。非不爱美，惧祸之及也。夫鱼见饵不见钩，虎见羊不见阱，猩猩见酒不见人，非不见也，迷于所美而不暇顾也。此心一冷，则热闹之景不能入；一淡，则艳冶之物不能动。夫能知困穷、抑郁、贫贱、坎坷之为祥，则可与言道矣。

【译文】

天地间害人的，就是“多”；让人想多要的，就是“美”。美味让人多吃，美色让人多欲，美声让人多听，美物让人多贪，美官让人多求，美室让人多居，美田让人多置，美寝让人多逸，美言让人多听，美事让人多恋，美景让人多留，美趣让人多思，这些都是灾祸的媒介。不美则人不会多要，不多则不会带来灾祸。我有一室，题名为“远美轩”，其中有一匾题“冷淡”二字。我不是不爱美，而是害怕灾祸临头。鱼只看见鱼饵而看不见鱼钩，虎只看见羊而看不见陷阱，猩猩只看见酒而看不见人，不是真看不见，而是因为迷于自己喜欢的东西无暇顾及其余。人心只要一冷，那么热闹之景就不能进入；只要一淡，那么艳冶之物就不能使我动心。如果能认识到困穷、抑郁、贫贱、坎坷是吉祥，那么就可以和他谈道了。

【原文】

以肥甘爱儿女而不思其伤身，以姑息爱儿女而不恤其败德，甚至病以死，患大辟而不知悔者，皆妇人之仁也。噫！举世之自爱而陷于自杀者，又十人而九矣。

【译文】

拿美味的食品让儿女吃而想不到会伤害他们的身体，姑息溺爱儿女而不怕他们品德败坏，甚至生病而死，犯下杀头的大罪而不知悔恨，这都是妇人之仁。唉！举世之人因过分自爱而陷于自杀的，十人中有九人啊！

【原文】

五闭，养德养生之道也。或问之曰："视、听、言、动、思将不启与？"曰："常闭而时启之，不弛于事可矣。此之谓夷夏关。"

【译文】

"五闭"是修养德性和养生的方法。有人问："视、听、言、动、思都不开启吗？”我回答说：“经常关闭，有时也打开，只要不影响做事就可以了。这便是夷与夏的区分。”

【原文】

今之养生者，饵药、服气、避险、辞难、慎时、寡欲，诚要法也。嵇康善养生，而其死也却在所虑之外。乃知养德尤养生之第一要也。德在我而蹈白刃以死，何害其为养生哉？

【译文】

现在养生的人，服药、练气、逃避危险、躲开危难、慎时、寡欲，确实是重要的方法。不过，嵇康是善于养生的人，但他的死却出乎意料之外。由此可知养德是养生中第一重要的。如果我有很高的品德，即使被刀枪杀死，怎能说没有养生呢？

【原文】

愚爱谈医，久则厌之。客言及者，告之曰：“以寡欲为四物，以食淡为二陈，以清心省事为四君子。无价之药，不名之医，取诸身而已。”

【译文】

我喜爱谈医，后来就厌倦了。有客人来谈及此事，我对他说：“以寡欲作为中药中的四物汤（当归、川芎、白芍、熟地），以淡食作为中药中的二陈（由甘草、白茯苓等中药合成的二陈汤），以清心省事作为中药中的四君子汤（人参、白术、茯苓、甘草）。这些是无价之药、不名之医，只要从自身取得就可以了。”

【原文】

饥寒痛痒，此我独觉，虽父母不之觉也；衰老病死，此我独当，虽妻子不能代也。自爱自全之道，不自留心，将谁赖哉？

【译文】

饥寒痛痒，这只有自己才能感觉到，即使父母也不能察觉；衰老病死，只有自己担当，即使妻子儿女也不能代替。自爱自全的方法，如果自己不留心，将依赖什么人呢？

卷四 外篇 御集

天 地

【原文】

湿温生物，湿热长物，燥热成物，凄凉杀物，严寒养物。湿温，冲和之气也；湿热，蒸发之气也；燥热，燔灼之气也；凄凉，杀气，阴壮而阳微也；严寒，敛气，阴外激而阳内培也。五气惟严寒最仁。

【译文】

气候湿温，万物出生；湿热，万物生长；燥热，万物成熟；凄凉，万物死亡；严寒，万物得到养护。湿温，是冲和之气；湿热，是蒸发之气；燥热，是燔灼之气；凄凉，是肃杀之气，这时阴壮而阳微；严寒，是收敛之气，这时阴外激而阳内培。五种气只有严寒最符合仁。

【原文】

浑厚，天之道也。是故处万物而忘言，然

不能无日月星辰以昭示之,是寓精明于浑厚之中。

【译文】

浑厚是天的根本。因此,使万物处在其中而默然不语。然而,不能没有日月星辰把天道昭示出来,这就是所谓寓精明于浑厚之中。

【原文】

精存则生神,精散则生形。太乙者,天地之神也;万物者,天地之形也。太乙不尽而天地存,万物不已而天地毁,人亦然。

【译文】

精气存在就产生神,精气消散就产生形体。太乙是天地之神,万物是天地之形。太乙无穷无尽而天地存在,万物没有消亡而天地毁灭,人也是这样。

【原文】

天地之气化,生于不齐,而死于齐。故万物参差,万事杂糅,势固然耳,天地亦主张不得。

【译文】

由于天地间气的变化,万物产生时是参差不齐的,而最后则同归于死亡。所以,万物有长短大小的差别,万事错综交织,是由于势的缘故,天地也无法主宰。

【原文】

万物得天地之气以生,有宜温者,有宜微温者,有宜太温者,有宜温而风者,有宜温而湿者，有宜温而燥者，有宜温而时风时湿者。何气所生则宜何气，得之则长养，失之则伤病。气有一毫之爽，万物阴受一毫之病。其宜凉、宜寒、宜暑，无不皆然。飞潜动植，蠛蠓之物，无不皆然。故天地位则万物育，王道平则万民遂。

【译文】

万物得天地之气而生，有适宜温的，有适宜微温的，有适宜稍微热一些的，有适宜温而有风的，有适宜温而湿润的，有适宜温而干燥的，有适宜温而又有时有风有时湿润的。什么气生的就适宜何种气，得到这种气就会生长保养，失去就会受伤生病。气有一毫的差失，万物就会不知不觉受一毫之病。宜凉、宜寒、宜暑之物没有不是这样的，飞的游的、动物植物、蠛蠓之物都是如此。所以，天地安于其位，万物就会生长发育，王道得到实行，万民就会遂顺。

【原文】

天地间万物，都是阴阳两个共成的。其独得于阴者，见阳必避，蜗牛壁藓之类是也；其独得于阳者，见阴必枯，夏枯草之类是也。

【译文】

天地间万物，都是由阴阳两个方面共同生成的。单独由阴生成的，见阳就必然退避，如蜗牛、苔藓之类；单独由阳生成的，一遇到阴就必然枯萎，如夏枯草之类。

【原文】

阴阳合时只管合，合极则离；离时只管离，

离极则合。不极则不离不合，极则必离必合。

【译文】

阴与阳在该合的时候就会结合，合到一定程度就会分离；在该分离的时候就会分离，离到一定程度就会结合。不到极点就会不离不合，到了极点就必然会分离或结合。

【原文】

水静柔而动刚，金动柔而静刚，木生柔而死刚，火生刚而死柔。土有刚有柔，不刚不柔，故金、木、水、火皆从钟焉，得中故也，天地之全气也。

【译文】

水静的时候是柔的，而动的时候则是刚的；金动的时候是柔的，而静的时候是刚的；木存活的时候是柔的，而枯死以后是刚的；火生着的时候是刚的，而灭了的时候是柔的；土有刚有柔而又不刚不柔，所以金、木、水、火都归于土。这是因为土得到中道的缘故，天地之气它都具备了。

【原文】

风惟知其吹拂而已，雨惟知其淋漓而已，霜雪惟知其严凝而已，水惟知其流行而已，火惟知其燔灼而已。不足则屏息而各藏其用，有馀则猖狂而各恣其性。卒然而感则强者胜，若两军交战，相下而后已。是故久阴则权在雨，而日月难为明；久旱则权在风，而云雨难为泽，以至水火霜雪莫不皆然。谁为之？曰：阴阳为之。阴阳谁为之？曰：自然为之。

【译文】

风只是吹拂而已，雨只是淋漓而已，霜雪只是严凝而已，水只是流动而已，火只是燔灼而已。它们不充足的时候就会屏住气息而不发挥它们的作用，有余的时候就会恣意妄为。它们突然相遇，强者取胜，有如两军交战，分出胜负后才结束。因此，天气久阴，说明雨在主宰，而日月难以发出光明；天气久旱，说明风在主宰，而云雨难以润泽土地。至于水、火、霜、雪没有不是这样的。这些现象是什么造成的呢？是阴阳。阴阳是怎么形成的？是自然形成的。

【原文】

气化无一息之停，不属进就属退。动植之物，其气机亦无一息之停，不属生就属死，再无不进不退而止之理。

【译文】

阴阳之气的变化没有一时一刻停息的时候，不是进就是退。动物、植物的气的变化也没有一时一刻停息的时候，不是生就是死，绝不会有不进不退而停止的道理。

【原文】

阳不能藏，阴不能显。才有藏处，便是阳中之阴；才有显处，便是阴中之阳。

【译文】

阳不能隐藏，阴不能显露。有隐藏的地方，就是阳中有阴；有显露的地方，就是阴中有阳。

【原文】

天地全不张主，任阴阳；阴阳全不摆布，任自然。世之人趋避祈禳徒自苦耳。其夺自然者，惟至诚。

【译文】

天地全然不主宰什么，一切任凭阴阳的变化；阴阳全然不摆布什么，任其自然而然的发展。因此，世人趋吉避凶、祈禳求福，只是徒劳无益罢了。能够胜过自然的，只有至诚之心。

【原文】

静生动长，动消静息。息则生，生则长，长则消，消则息。

【译文】

静生动长，动消亡静也停息。停息就要生，生就要长，长就要消亡，消亡就要停息。

【原文】

天地万物只是一个渐，故能成，故能久。所以成物悠者，渐之象也；久者，渐之积也。天地万物不能顿也，而况于人乎？故悟能顿，成不能顿。

【译文】

天地万物都是渐渐形成的，只有这样才能够成，才能持久。事物的形成时间较长，这是渐进的象征；之所以长久，这是渐进的积累。天地万物尚且不能片刻而成，更何况于人呢？因此说思想可以有所顿悟，而成就一番事业却不是一时之事。

【原文】

天极从容，故三百六十日为一嘘吸；极次第，故温暑凉寒不蓦越而杂至；极精明，故昼有容光之照而夜有月星；极平常，寒暑旦夜生长收藏，万古如斯而无新奇之调；极含蓄，并包万象而不见其满塞；极沉默，无所不分明而无一言；极精细，色色象象条分缕析而不厌其繁；极周匝，疏而不漏；极凝定，风云雷雨变态于胸中，悲欢叫号怨德于地下，而不恶其扰；极通变，普物因材，不可执为定局；极自然，任阴阳气数理势之所极所生，而己不与；极坚耐，万古不易而无欲速求进之心，消磨曲折之患；极勤敏，无一息之停；极聪明，亘古今无一人一事能欺罔之者；极老成，有亏欠而不隐藏；极知足，满必损，盛必衰。极仁慈，雨露霜雪无非生物之心；极正直，始终计量，未尝养人之奸、容人之恶；

极公平，抑高举下，贫富贵贱一视同仁；极简易，无琐屑曲局示人以繁难；极雅淡，青苍自若，更无炫饰；极灵爽，精诚所至，有感必通；极谦虚，四时之气常下交；极正大，擅六合之恩威而不自有；极诚实，无一毫伪妄心、虚假事；极有信，万物皆任之而不疑。故人当法天。人，天所生也，如之者存，反之者亡，本其气而失之也。

【译文】

天是非常从容的，因此三百六十日为它的一呼一吸；天是非常讲次序的，因此温暑凉寒不会突然而来杂乱而至；天是极精明的，因此白天有阳光照耀，而夜间有月亮星星高悬；天是很平常的，寒暑旦夜生长收藏，万古如此而没有新奇的变化；天是很含蓄的，包罗万象而看不到它被塞满；天是极沉默的，什么都能分辨但不发一言；天是很精细的，万象百态条分缕析而不厌其繁；天是极周密的，疏而不漏；天是很凝定的，风云雷雨在胸中变幻，悲欢呼号在地下抱怨、感戴，而不怕烦扰；天是非常通变的，所有的物品都因材而用，不执为定局；天是非常自然的，任凭阴阳、气数、理势之所极所生而不干预；天是非常坚耐的，万古不变而没有欲速求进之心，没有消磨、曲折之患；天是极勤敏的，无一刻停止；天是极聪明的，从古到今无一人一事可以欺骗它；天是极老成的，有所亏欠就不会隐藏；天是极知足的，满必损，盛必衰；天是非常仁慈的，降下雨露霜雪都是为了生养万物；天是极正直的，始终在计量，未曾培养人的奸诈、包容人的邪恶；天是非常公平的，把高的向下按、把低的抬举上去，对贫富贵贱一视同仁；天是相当简易的，没有琐屑曲局之事，不向人表现出繁难之状；天是相当雅淡的，青苍之色一样自如，更无炫饰之态；天是极灵爽的，精诚所至，有感必通；天是极谦虚的，四时之气常呈下交之势；天是极正大的，掌握着六合的恩威而不据为已有；天是极诚实的，无丝毫伪妄之心、虚假之事；天是极有信用的，万物都任凭天之所为而不怀疑。所以人应当效法天。人，是上天所生的，顺天者存，逆天者亡，本来禀受的上天的元气又会丧失。

【原文】

盛德莫如地。万物于地，恶道无以加矣。听其所为而莫之憾也，负荷生成而莫之厌也。故君子卑法地，乐莫大焉。

【译文】

没有比地更具盛德的了。万物对于地，可说是邪恶之道无所不用。但地听其任意而为，却没有什么可以撼动它；地负载万物、生养万物，却没有什么厌弃的。所以君子要谦卑地效法地，那其中的乐趣是无可比拟的。

【原文】

以理言之，则当然者谓之天，命有德讨有罪，奉三尺无私是已；以命言之，则自然者谓之天，莫之为而为，莫之致而至，定于有生之初是已；以数言之，则偶然者谓之天，会逢其适，偶值其际是已。

【译文】

从道理上讲，当然的事称为天，就如同命令有德的人讨伐有罪的人，只能依照铁面无私的法律去执行；从命来说，自然的事称为天，这是说不想做而做了、不想来却来了，这种事是在出生的当初就已经定下来了；以气数来讲，偶然的事称为天，这是恰好遇到它，偶然有这样的际遇罢了。

【原文】

太和在我，则天地在我，何动不臧？何往不得？

【译文】

如果我禀有太和之气，那么天地也在我的掌握中，什么时候行动不会取得好结果？什么地方去不会有所得？

【原文】

天欲大小人之恶，必使其恶常得志。彼小人者，惟恐其恶之不遂也，故贪天祸以至于亡。

【译文】

上天要想增加小人的恶，必然使他的恶行常常得逞。那小人又唯恐他的恶行不能顺遂，所以就会得到上天降下的灾祸以至于灭亡。

【原文】

自然谓之天，当然谓之天，不得不然谓之天。阳亢必旱，久旱必阴，久阴必雨，久雨必晴，此之谓自然。君尊臣卑，父坐子立，夫唱妇随，兄友弟恭，此之谓当然。小役大，弱役强，贫役富，贱役贵，此之谓不得不然。

【译文】

自然叫做天，当然叫做天，不得不然叫做天。阳气极盛的时候天气必然干旱，干旱的时间长了天气必然会阴，阴的时间长了必然会下雨，下雨的时间长了必然会转晴，这叫做自然。君尊臣卑，父坐子立，夫唱妇随，兄友弟恭，这叫做当然。小的被大的奴役，弱的被强的奴役，贫的被富的奴役，贱的被贵的奴役，这叫做不得不然。

【原文】

心就是天，欺心便是欺天，事心便是事天，更不须向苍苍上面讨。

【译文】

人心就是天，欺骗自己的心就是欺骗天，忠于自己的心做事就是为天做事，根本不需仰望苍天去寻找什么。

世　运

【原文】

势之所在，天地圣人不能违也。势来时即摧之，未必遽坏；势去时即挽之，未必能回。然而圣人每与势忤，而不肯甘心从之者，人事宜然也。

【译文】

势存在的时候，天地和圣人也不能违背。势来的时候即使去摧毁它，也未必能立刻将它毁坏；势去的时候即使想挽回它，也未必能挽回。然而圣人每每与势相对抗而不肯甘心顺从，从尽人事来讲是应当这样做的。

【原文】

世人贱老，而圣王尊之；世人弃愚，而君子取之；世人耻贫，而高士清之；世人厌淡，而智者味之；世人恶冷，而幽人宝之；世人薄素，而有道者尚之。悲夫！世之人难与言矣。

【译文】

世俗的人轻视老人，可是圣王尊重他们；世俗的人抛弃愚笨的人，可是君子收留他们；世俗的人以贫为耻，可是品德高尚的人以贫为清；世俗的人讨厌淡味，可是有智慧的人喜欢品尝淡味；世俗的人厌恶冷清，而喜欢幽静的人认为冷清可贵；世俗的人鄙薄平常的东西，而有道的人崇尚平常的东西。可悲啊！这道理很难和世俗的人讲清楚。

【原文】

三皇是道德世界，五帝是仁义世界，三王是礼义世界，春秋是威力世界，战国是智巧世界，汉以后是势利世界。

【译文】

三皇时代是道德世界，五帝时代是仁义世界，三王时代是礼义世界，春秋时期是威力世界，战国时期是智巧世界，汉代以后是势利世界。

【原文】

士鲜衣美食，浮谈怪说，玩日愒时，而以农工为村鄙；女傅粉簪花，冶容学态，袖手乐游，而以勤俭为羞辱；官盛从丰供，繁文缛节，奔逐世态，而以教养为迂腐。世道可为伤心矣。

【译文】

读书人穿着鲜艳的衣服，吃着精美的食物，浮谈怪论，日日游玩，虚度时光，而认为农民工匠的劳作粗俗鄙陋；女子敷粉簪花，冶容学态，袖手乐游，而把勤俭当做羞辱；官吏随从众多，供给丰盛，繁文缛节，追逐世态，而以教养为迂腐。这样的世道真让人伤心啊！

【原文】

天下之势，顿可为也，渐不可为也。顿之来也骤，骤多无根；渐之来也深，深则难撼。顿着力在终，渐着力在始。

【译文】

天下的形势，突然发生的问题，可以想法挽救；如果是渐渐产生的，就没法挽救。突然发生的问题来得快，来得快的大多没有太深的根底；逐渐产生的问题根底深厚，根底深厚就难以动摇。对待突然发生的事情，处理时在结果上用力；对逐渐加深的问题，在开始时就要着力处理。

【原文】

造物有涯而人情无涯，以有涯足无涯，势必争。故人人知足则天下有馀。造物有定而人心无定，以无定撼有定，势必败。故人人安分则天下无事。

【译文】

上天创造万物有限度，而人的欲求没有限度，以有限的创造之物来满足人无止境的欲求，那一定会出现争夺。所以只有人人知足，天下才会有余。造物有定数而人心无定，以无定的人心来摇撼有定的造物，那必定会出现问题。所以只有人人安分，天下才会无事。

圣　贤

【原文】

孔、颜穷居，不害其为仁覆天下，何则？仁覆天下之具在我，而仁覆天下之心未尝一日忘也。

【译文】

孔子、颜回一生穷困，但并不因此而妨碍他们给天下施行仁爱，为什么能这样呢？因为他们有施行仁爱的本领，而且没有哪一天忘了仁爱天下之心。

【原文】

伊尹看天下人无一个不是可怜的，伯夷看天下人无一个不是可恶的，柳下惠看天下人无一个不是可与的。

【译文】

伊尹看世上的人，没有一个不是可怜的；伯夷看世上的人，没有一个不是可恶的；柳下惠看世上的人，没有一个不是可以交往的。

【原文】

浩然之气，孔子非无，但用的妙耳。孟子一生受用全是这两字。我尝云："孟子是浩然之气，孔子是浑然之气。浑然是浩然的归宿，浩然是浑然的作用。惜也！孟子未能到浑然耳。"

【译文】

孔子不是没有浩然之气，只是运用得巧妙而已。孟子一生受用无穷的就是"浩然"这两个字。我曾说："孟子是浩然之气，孔子是浑然之气。浑然是浩然的归宿，浩然是浑然的作用。可惜的是，孟子一生最终也未能达到浑然的地步。"

【原文】

圣学专责人事，专言实理。

【译文】

圣学专门责成人事，专门讲实际的道理。

【原文】

圣人妙处在转移人不觉，贤者以下便露圭角，费声色，做出来只见张皇。

【译文】

圣人的妙处在于能在不知不觉中改变人，贤者以下的人往往露出圭角，费尽声色，做出来显得张皇失措。

【原文】

平生不作圆软态，此是丈夫。能软而不失刚方之气，此是大丈夫。圣贤之所以分也。

【译文】

平生没有圆滑、软弱之态，这就是男子汉。能柔软而又不失刚强方正之气，这才是大丈夫。圣人和贤人的区别也就在这里。

【原文】

圣贤之私书，可与天下人见；密事，可与天下人知；不意之言，可与天下人闻；暗室之中，可与天下人窥。

【译文】

圣贤的私人信件，可以公开让天下人看；他们的私事，可以让天下人知道；他们平时随便的谈话，可以让天下人听到；他们居室内的举止行动，可以让天下人观看。

【原文】

圣人有功于天地，只是人事二字。其尽人事也，不言天命，非不知回天无力，人事当然，成败不暇计也。

【译文】

之所以说圣人有功于天地，就在于他们尽了人事。他们尽人事时不谈天命，并不是不知道回天无力，而是人事方面应当如此，至于成败得失是无暇顾及的。

【原文】

或问:“狂者动称古人,而行不掩言,无乃行不顾言乎?孔子奚取焉?”曰:“此与行不顾言者人品悬绝。譬之于射,立拱把于百步之外,九矢参连,此养由基能事也。孱夫拙射,引弦之初,亦望拱把而从事焉,即发,不出十步之远,中不近方丈之鹄,何害其为志士?又安知日关弓,月抽矢,白首终身,有不为由基者乎?是故学者贵有志,圣人取有志。狷者言尺行尺,见寸守寸,孔子以为次者,取其守之确,而恨其志之隘也。今人安于凡陋,恶彼激昂,一切以行不顾言沮之,又甚者,以言是行非谤之,不知圣人岂有一蹴可至之理?希圣人岂有一朝径顿之术?只有有志而废于半途,未有无志而能行跬步者。”或曰:“不言而躬行何如?”曰:“此上智也。中人以下须要讲求博学、审问、明辨,与同志之人相砥砺奋发,皆所以讲求之也,安得不言?若行不顾言,则言如此而行如彼,口古人而心衰世,岂得与狂者同日语哉?”

【译文】

有人问:“努力进取的所谓狂人动不动就讲古人如何如何,而他自己说出的话却不一定能够做到,这不是言行不一吗?孔子为什么还要对这种人有所肯定呢?”回答说:“这种人和言行不一的人的人品有天壤之别。比如射箭,把箭靶立于百步之外,九发连射都能射中,这是养由基能够做到的事。如果一个身体虚弱而又不善射箭的人来射,开始拉弓的时候，他也希望能射中靶子，可是箭射不到十步远，连一丈见方的大的目标都射不着，怎能说他就没有想射中的志向呢？如果他日日拉弓、月月射箭，练到头发白了的时候，又怎知他不会成为养由基那样的好射手呢？因此学者贵在有志，圣人赞许有志的人。狷介的人说多少就做多少，见识有多少就坚守多少，孔子认为这种人不如努力进取的狂者，认为他们可取的地方是操守明确，遗憾的是志向不够远大。现在的人安心处于凡陋之地，讨厌那些有进取心的人，把他们的所作所为说成是行不顾言而阻止他们，甚至诽谤他们言是行非，岂不知修养成圣人哪有一蹴而就的道理？想要成为圣人哪有一个早晨就会成功的捷径和快速的方法？有志的人可能半途而废，无志的人连半步也迈不出去。”又问：“不说话，只是身体力行怎么样？”回答说：“这是上智之人可以做到的。中等以下的人必须要讲求博学、审问、明辨，与志同道合的人相互鼓励奋发，这也是讲求的一种方法，怎能不说话呢？如果是行不顾言，说的是一套，行的是另一套，口中谈的是古人，心中想的是衰世，这种人怎能与努力进取的所谓狂者同日而语呢？”

【原文】

天道以无常为常，以无为为为；圣人以无心为心，以无事为事。

【译文】

天道把变化无常作为它的常理，把无为作为有为；圣人把无心作为有心，把无事作为有事。

【原文】

万物之情，各求自遂者也；惟圣人之心，则

欲遂万物而忘自遂。

【译文】

万物之情，都是各自追求满足自己的欲求；唯有圣人之心，只想满足万物的欲求而忘却满足自己。

【原文】

圣人不随气运走，不随风俗走，不随气质走。

【译文】

圣人不跟随气运走，不跟随风俗走，不跟随个人气质走。

【原文】

只为多了这知觉，便生出许多情缘，添了许多苦恼。落花飞絮，岂无死生？他只恁委和委顺而已。或曰："圣学当如是乎？"曰："富贵、贫贱、寿夭、宠辱，圣人未尝不落花飞絮之耳。虽有知觉，心不为知觉苦。"

【译文】

世人只因为有了知觉，就生出许多情缘，增添了许多苦恼。落花飞絮，难道没有死生？它们只是那样地任凭自然的安排罢了。有人问："圣学应当是这样吗？"回答说："富贵、贫贱、寿夭、宠辱，圣人未尝不把它们看成落花飞絮一样，虽然对它们有知觉，但他们的心不为知觉所苦。"

【原文】

平生无一事可瞒人，此是大快乐。

【译文】

一生中没有一事需要哄瞒他人的，这就是最大的快乐。

品　藻

【原文】

独处看不破，忽处看不破，劳倦时看不破，急遽仓卒时看不破，惊忧骤感时看不破，重大独当时看不破，吾必以为圣人。

【译文】

一个人，如果他独处的时候别人看不出他有什么毛病，他疏忽的时候看不出有什么毛病，他劳倦时看不出有什么毛病，他急遽仓促时看不出有什么毛病，他惊忧骤感时看不出有什么毛病，他独当大事时也看不出有什么毛病，那么我一定会认为他是圣人。

【原文】

圣人做出来都是德性，贤人做出来都是

气质，众人做出来都是习俗，小人做出来都是私欲。

【译文】

圣人做出来的一切都是德行的表现，贤人做出来的一切都是气质的表现，众人做出来的一切都是习俗的表现，小人做出来的一切都是私欲的表现。

【原文】

一种人难悦亦难事，只是度量褊狭，不失为君子；一种人易事亦易悦，只是贪污软弱，不失为小人。

【译文】

有一种人难以使他高兴，也难以同他共事，只是因为心胸狭小，可也不失为君子；有一种人容易共事，也容易使他高兴，但贪婪软弱，这种人仍然是小人。

【原文】

为小人所荐者，辱也，为君子所弃者，耻也。

【译文】

被小人所推荐是一种侮辱，被君子所摒弃是一种羞耻。

【原文】

小人有恁一副邪心肠，便有一段邪见识；有一段邪见识，便有一段邪议论；有一段邪议论，便引一项邪朋党，做出一番邪举动。其议论也，援引附会，尽成一家之言。攻之则圆转迁就而不可破；其举动也，借善攻善，匿恶济恶，善为骑墙之计，击之则疑似牵缠而不可断。此小人之尤，而借君子之迹者也；此藉君子之名，而济小人之私者也。亡国败家，端是斯人。若明白小人，刚戾小人，这都不足恨。所以《易》恶阴柔。阳只是一个，惟阴险伏而多端，变幻而莫测，驳杂而疑似，譬之光天化日，黑白分明，人所共见；暗室晦夜，多少埋伏，多少类象，此阴阳之所以别也。虞廷黜陟，惟曰幽明，其以是夫？

【译文】

小人有那样的一副邪心肠，就有一些邪见识；有一些邪见识，就有一番邪议论；有一番邪议论，就会引进一些邪朋友、做出一番邪举动。小人的言论，援引颇多，牵强附会，竟然能成一家之言。反驳他，他就圆转迁就而反驳不倒；小人的举动，是借善攻善，藏恶济恶，善为骑墙之计，攻击他，又似是而非、牵缠连绕而难以决断。这是小人中比较突出的借用君子行迹的人，这是借用君子之名来成就小人私利的人。亡国败家，都是这些人造成的。那些明明白白的小人、刚硬暴戾的小人，他们都还不够可恨，所以《易经》最厌恶阴柔。阳只是一个，只有阴，却阴险地隐藏着而且变化多端、变幻莫测、驳杂而疑似。这就好像在光天化日之下，黑白分明，人都能看得见；而在暗室黑夜之中，有多少埋伏、多少东西，就看不清楚了。这就是阴阳的区别。舜在决定官吏升降的时候，罢免性格幽晦的人，升迁性格明朗的人，大概就是因为这个道理吧！

【原文】

富于道德者不矜事功，犹矜事功，道德不足也；富于心得者不矜闻见，犹矜闻见，心得不足也。文艺自多，浮薄之心也；富贵自雄，卑陋之见也。此二人者，皆可怜也，而雄富贵者更不数于丈夫行。彼其冬烘盛大之态，皆君子之所欲呕者也。而彼且志骄意得，可鄙孰甚焉！

【译文】

富有道德的人不夸耀自己的事功，仍然夸耀事功的，说明他的道德修养还不够；富有心得的人不夸耀自己的见闻广，仍然夸耀自己见闻广的，是心得不足的缘故。因为有写作的才能而自负，这是轻浮浅薄之心；因为有钱有势就傲视他人，这是卑下浅陋之见。这两种人都是可怜虫，而那种因为富贵而不可一世的人就更不能列于大丈夫之列了。他们那冬烘盛大之态，都是君子看了要呕吐的，而他们还骄傲不已、得意洋洋，还有比这更可鄙的人吗？

【原文】

士君子在尘世中，摆脱得开，不为所束缚；摆脱得净，不为所污蔑，此之谓天挺人豪。

【译文】

士人君子在社会上，能摆脱世俗的影响而不受其束缚；能摆脱世俗的干扰而不受其污染，这样的人可以叫做天挺人豪。

【原文】

藏名远利，夙夜汲汲乎实行者，圣人也。为

名修，为利劝，夙夜汲汲乎实行者，贤人也。不占名标，不寻利孔，气昏志惰，荒德废业者，众人也。炫虚名，渔实利，而内存狡狯之心，阴为鸟兽之行者，盗贼也。

【译文】

隐藏名声、远离利益，从早到晚非常急切地做那些不求名利的事的人，是圣人。为名声而加强修养，为利益而努力，从早到晚非常急切地做那些可以获得名利的事的人，是贤人。不争名、不求利，气昏志惰、荒德废业的人，是一般人。炫耀虚名、贪图实利，而内心狡猾阴险、暗地里像禽兽一样行事的人，就是盗贼。

【原文】

圈子里干实事，贤者可能；圈子外干大事，非豪杰不能。或曰："圈子外可干乎？"曰："世俗所谓圈子外，乃圣贤所谓性分内也。人守一官，官求一称，内外皆若人焉，天下可庶几矣，所谓圈子内干实事者也。心切忧世，志在匡时，苟利天下，文法所不能拘；苟计成功，形迹所不必避，则圈子外干大事者也。"

【译文】

在世俗允许的圈子里能干实事，贤人可以做到；在超越世俗允许的圈子干大事，不是豪杰不能做到。有人问："圈子外可以干大事吗？"回答说："世俗所说的圈子外的大事，就是圣贤认为的按照本性分内应该做的事。一个人担当了一定的官职，能够恪尽职守，朝廷内外都是这样的人，那天下差不多可以治理好了，这就是所说的在圈子内干实事的人。内心深切地为世人忧虑，立志要匡正时弊，如果是对天下人有利的事，条文规则也拘束不住；如果为了成功，个人的嫌疑也不避讳，这就是圈子外干大事的人。”

【原文】

达人落叶穷通，浮云生死；高士睥睨古今，玩弄六合；圣人古今一息，万物一身；众人尘弃天真，腥集世味。

【译文】

通达的人把穷困显达看得如同落叶一样，把生死看得如同浮云一样；高士傲视古今，把天地六合玩弄于掌中；圣人看待古今如一呼一吸的瞬间，看待万物如同自己的身体；而一般的人抛弃天真，像蝇蚁一样奔趋世俗之腥味。

【原文】

阳君子取祸，阴君子独免；阳小人取祸，阴小人得福。阳君子刚正直方，阴君子柔嘉温厚；阳小人暴戾放肆，阴小人奸回智巧。

【译文】

刚强的君子容易遭到祸殃，阴柔的君子却能幸免；刚强的小人容易遭到祸殃，阴柔的小人却能得福。刚强的君子刚方正直，阴柔的君子温厚可亲；刚强的小人暴戾放肆，阴柔的小人奸诈狡猾。

【原文】

古今士率有三品：上士不好名，中士好名，

下士不知好名。

【译文】

古往今来的士人可分为三等：上等的不追求名声，中等的追求名声，下等的不知道追求名声。

【原文】

上士重道德，中士重功名，下士重辞章，斗筲之人重富贵。

【译文】

上等的士人看重德行，中等的士人看重功名，下等的士人看重文章，见识短浅、气量狭小的人看重富贵。

【原文】

人流品格，以君子小人定之，大率有九等：有君子中君子，才全德备，无往不宜者也。有君子，优于德而短于才者也。有善人，恂雅温朴，仅足自守，识见虽正而不能自决，躬行虽力而不能自保。有众人，才德识见俱无足取，与世浮沉，趋利避害，碌碌风俗中无自表异。有小人，偏气邪心，惟己私是殖，苟得所欲，亦不害物。有小人中小人，贪残阴狠，恣意所极，而才足以济之，敛怨怙终，无所顾忌。外有似小人之君子，高峻奇绝，不就俗检，然规模弘远，小疵常类，不足以病之。有似君子之小人，老诈浓文，善藏巧借，为天下之大恶，占天下之大名，事幸不败，当时后世皆为所欺而竟不知者。有君子小人之间，行亦近正而偏，语亦近道而杂，学圆通便近于俗，尚古朴则入于腐，宽便姑息，严便猛鸷。是人也，有君子之心，有小人之过者也，每至害道，学者戒之。

【译文】

人流品格用君子和小人的标准来衡量大致有九等：有君子中的君子，这等人才德兼备，做任何事情都适宜。有君子，这等人品德优良但才能不足。有善人，这等人诚信文雅、温和朴实，但仅能自守，识见虽正而不能自己决断，身体力行而不能保证成功。有众人，这等人才德识见都没有什么可取之处，他们与世浮沉、趋利避害，在碌碌风俗中没有特别的表现。有小人，这等人气偏心邪，只顾自己的私利，如果得到了他们想得到的东西，也对他人无所妨害。有小人中的小人，这等人贪残阴狠、任意胡为，而其才还能使他们的欲望得逞，敛怨集恨、怙恶不悛、毫无顾忌。另外还有貌似小人的君子，此等人高峻奇绝，不遵世俗，然而气概弘远，一些小的缺点毛病不足以影响他的人品才能。有貌似君子的小人，这等人老练奸诈、工于文饰、善于隐藏、巧于假借，做天下最大的坏事，却能占据天下的大名，侥幸事情没有败露，当时后世都受到他的欺骗而竟不能发现。有处于君子、小人之间的人，这等人行为接近正而稍偏，言谈接近道而稍杂，学识圆通但易近于俗，崇尚古朴又会有些迂腐，宽容就成了姑息，严格就成了猛鸷。这种人既有君子之心，也有小人之过，每每害道，学者要予以警戒。

【原文】

有俗检，有礼检。有通达，有放达。君子通达于礼检之中，骚士放达于俗检之外。世之无识者，专以小节细行定人品，大可笑也。

【译文】

有按照世俗的一套来约束自己的，有按照礼法的要求来约束自己的，有对礼法通权达变的，有不受世俗约束的。君子在按照礼法的要求约束自己的同时能通权达变，风雅之士在世俗的约束之外能无拘无束。世上那些没有见识的人，专以小节细行评定人品，真是太可笑了。

【原文】

上才为而不为，中才只见有为，下才一无所为。

【译文】

最有才能的人做了而似乎没有做，中等才能的人只知道做，下等才能的人什么也做不了。

【原文】

有涵养人心思极细，虽应仓卒，而胸中依然暇豫，自无粗疏之病。心粗便是学不济处。

【译文】

有涵养的人心思细密，即使事出仓促，但心中依然有闲暇来做准备，自然也没有粗心疏忽的弊病。粗心疏忽就是学问不足的表现。

【原文】

观人括以五品：高、正、杂、庸、下。独行奇识曰高品，贤智者流。择中有执曰正品，圣贤者流。有善有过曰杂品，劝惩可用。无短无长曰庸品，无益世用。邪、伪二种曰下品，慎无用之。

【译文】

观察人可以概括为五品，这就是高、正、杂、庸、下。具有独行奇识的人为高品，这是贤智一类的人物。处理任何事物都合乎中道而又有所执持的人为正品，这是圣贤一类的人物。有善行善德也有过失的人为杂品，这类人，通过鼓励其向善、惩戒其过失，还可以任用。没有短处也没有长处的人为庸品，这种人在世上没有什么用处。奸邪、虚伪的人为下品，对这类人一定要谨慎，千万不要任用。

【原文】

众恶必察，是仁者之心。不仁者闻人之恶，喜谈乐道。疏薄者闻人之恶，深信不疑。惟仁者知恶名易以污人，而作恶者之好为诬善也，既察为人所恶者何人，又察言者何心，又察致恶者何由，耐心留意，独得其真。果在位也，则信任不疑；果不在位也，则举辟无贰；果

为人所中伤也，则扶救必力。呜呼！此道不明久矣。

【译文】

对被众人所憎恶的人一定要予以明察，这就是仁者的用心。不仁的人听到别人的坏话，就喜闻乐道；疏陋浅薄的人听到别人的坏话，就深信不疑。只有仁者知道恶名容易损害人，而作恶的人又喜欢诬蔑好人，所以仁者既要了解为人所憎恶的人到底是什么样的人，又要分析说他坏话的人是何用心，还要调查为什么会让人说他的坏话，通过耐心留意的调查分析最后得出正确结论。被中伤的人如果在官位上，就信任不疑；不在官位上，就竭力举荐；确实是被人中伤，就努力扶救。唉！众恶必察这个道理已经被遮蔽很久了。

【原文】

蕴藉之士深沉，负荷之士弘重，斡旋之士圆通，康济之士精敏。反是皆凡才也，即聪明辩博，无补焉。

【译文】

含蓄而不显露的人深沉，身负重任的人庄重，善于调停的人圆融通达，慷慨济世的人精敏。除此之外的人，都是凡人，即使再聪明善辩、学问广博也于世无补。

【原文】

世之颓波，明知其当变，狃于众皆为之而不敢动；事之义举，明知其当为，狃于众皆不为而不敢动，是亦众人而已。提抱之儿得一果饼，

未敢辄食，母尝之而后入口，彼不知其可食与否也。既知之矣，犹以众人为行止，可愧也。夫惟英雄豪杰不徇习以居非，能违俗而任道，夫是之谓独复。呜呼！此庸人智巧之士，所谓生事而好异者也。

【译文】

世道的颓败之风，明知应当改变，但因拘泥于众人都是那样做而不敢动；合于道义的事，明知应当做，但因拘泥于众人都不去做而不敢动，因此这样的人也只能是普通人而已。领着抱着的小孩，得到一个果饼不敢马上就吃，母亲尝了之后才敢入口，这是因为他不知道果饼是否能吃。知道能吃之后，仍然看众人的行动来决定自己的行动，真让人感到羞愧啊！只有英雄豪杰能不因循习俗而居于被人非议的地位，能违反世俗而担当重任，这叫作独来独往。唉！这就是被庸俗之人、智巧之士称之为爱生事和爱标新立异的人。

【原文】

士气不可无，傲气不可有。士气者，明于人己之分，守正而不诡随。傲气者，昧于上下之等，好高而不素位。自处者每以傲人为士气，观人者每以士气为傲人。悲夫！故惟有士气者能谦己下人。彼傲人者昏夜乞哀，或不可知矣。

【译文】

士气不可无，傲气不可有。士气，就是明于人己之分，坚守正义而不随波逐流。傲气，就是不明上下的等级差别，好高骛远而不安分守己。人们在自处时往往把傲气当作士气，评价他人时又常常把士气当作傲气，可悲啊！因此，只有具有士气的人能对人谦让，那些傲气十足的人可能会在黑夜乞求别人的哀怜，也未可知。

【原文】

体解神昏，志消气沮，天下事不是这般人干底。攘臂抵掌，矢志奋心，天下事也不是这般人干底。干天下事者，智深勇沉、神闲气定。有所不言，言必当；有所不为，为必成。不自好而露才，不轻试以幸功。此真才也，世鲜识之。

【译文】

身体倦怠、精神昏聩、意志消沉、神气沮丧，天下事不是这种人干的。捋起袖子伸出胳膊、摩拳擦掌、发誓立志、情绪激昂，天下事也不是这种人干的。干天下事的人智慧深沉、勇气敛藏、神气悠闲安静。除非他们不说话，说了必然恰当；除非不行动，行动必然成功。不自以为是显露自己的才能，不轻易做事求侥幸成功，这才是真才，而世人很少能够识别。

【原文】

山林处士常养一个傲慢轻人之象，常积一腹痛愤不平之气，此是大病痛。

【译文】

隐居山林没有做官的读书人，常养成傲慢而轻视他人的性格，常在胸中积聚愤恨不平的怨气，这是他们最大的不足。

【原文】

正直者必不忠厚，忠厚者必不正直。正直人植纲常扶世道，忠厚人养和平培根本。然而激天下之祸者，正直之人；养天下之祸者，忠厚之过也。此四字兼而有之，惟时中之圣。

【译文】

正直的人必然不忠厚，忠厚的人必然不正直。正直的人能端正纲常、扶救世道，忠厚的人能培养和平、扶植根本。然而，激成天下祸患的，是正直的人；养成天下祸患的，是忠厚之人的过失。正直忠厚，这四个字同时具备的，只有适时宜、循中道的圣人。

【原文】

露才是士君子大病痛，尤莫甚于饰才。露者，不藏其所有也；饰者，虚剽其所无也。

【译文】

显露才学是士人君子的大缺点，比露才更为有害的是粉饰自己的才学。露才的人，是不隐藏自己拥有的才学；饰才的人，是没有才学而把自己粉饰得有才学。

【原文】

士有三不顾：行道济时人顾不得爱身，富贵利达人顾不得爱德，全身远害人顾不得爱天下。

【译文】

读书人有三不顾：立志行道救世的人不顾自身的安危，追求富贵利达的人不顾道德品质，只求全身远害的人不顾天下。

【原文】

其事难言而于心无愧者，宁灭其可知之迹。故君子为心受恶，太伯是已。情有所不忍，而义不得不然者，宁负大不韪之名。故君子为理受恶，周公是已。情有可矜，而法不可废者，宁自居于忍以伸法。故君子为法受恶，武侯是已。人皆为之，而我独不为，则掩其名以分谤。故君子为众受恶，宋子罕是已。

【译文】

事情难以对别人说而心中无愧的，宁可消掉可能会被人知道的痕迹。所以君子为了隐藏内心的事而会遭到人们的误解或诽谤，太伯就是这样。情有所不忍而义不得不这样的，宁可担当冒天下之大不韪的罪名。所以君子会因为坚持正理而受到人们的误解或诽谤，周公就是这样。情有可怜而法不可废的，宁可自居残忍之名也要遵循法律。所以君子会因依法办事而受到人们的误解或诽谤，诸葛亮就是这样。人们都去做而只有我不去做，宁可掩盖自己的美名而分担诽谤。所以君子会因为保护众人而受到人们的误解，宋国的子罕就是这样。

【原文】

心平气和而有强毅不可夺之力，秉公持正而有圆通不可拘之权，可以语人品矣。

【译文】

心平气和而又具有刚毅不可征服的力量，秉公持正而又有圆通不可拘的能力，这样的人可以评论人的品德了。

【原文】

烈士死志，守士死职，任士死怨，忿士死斗，贪士死财，躁士死言。

【译文】

有志于建立功业的人为志向而死，忠于职守的人为职责而死，放任的人为怨仇而死，疾仇的人为争斗而死，贪财的人为钱财而死，浮躁的人为言语而死。

【原文】

知其不可为而遂安之者，达人智士之见也；知其不可为而犹极力以图之者，忠臣孝子之心也。

【译文】

知道事情难以做成而安之若素，是通达的人、有智慧的人的见识；知道事情难以成功还要极力去做的，是忠臣孝子的一颗赤诚之心。

【原文】

无识之士有三耻：耻贫、耻贱、耻老。或曰：“君子独无耻与？”曰：“有耻。亲在而贫耻，用贤之世而贱耻，年老而德业无闻耻。”

【译文】

无见识的人有三耻：以贫为耻、以贱为耻、以老为耻。有人问：“君子难道没有感到羞耻的事情吗？”回答说：“有感到可耻的事。父母健在而自己贫穷，这是可耻的；处于用贤任能的世道而地位卑贱，这是可耻的；年老而德业不为人所知，这是可耻的。”

【原文】

一个俗念头，一双俗眼目，一口俗话说，任教聪明才辩，可惜错活了一生。

【译文】

心中只有庸俗的念头，看人看事用庸俗的眼光，满口庸俗的话语，这样的人即使再聪明再有才能，也是白活了一生。

【原文】

狃浅识狭闻，执偏见曲说，守陋规俗套，斯人也，若为乡里常人，不足轻重；若居高位有令名，其坏世教不细。

【译文】

拘限于浮浅的知识和狭隘的见闻，执持偏见曲说，坚守陋规俗套，这样的人，如果是乡里的平常人，其危害不足轻重；如果身居高位又有好名声，对社会教化的危害可就不小了。

【原文】

平生无一人称誉，其人可知矣。平生无一

人诋毁，其人亦可知矣。大如天，圣如孔子，未尝尽可人意。是人也，无分君子小人皆感激之，是在天与圣人上，贤耶？不肖耶？我不可知矣。

【译文】

平生没一个人称赞的人，这个人的人品如何可想而知了。平生没有一个人诋毁的人，这个人的人品如何也可想而知了。大如天，圣明如孔子，也不能尽合人意。而一个人，无论小人君子都感激他，这个人就在天和圣人之上了，这种人是贤呢？还是不贤呢？我就不知道了。

【原文】

无心者公，无我者明。当局之君子不如旁观之众人者，有心有我之故也。

【译文】

没有私心的人公道，心中无我的人清明。身当其事的君子没有旁观的一般的人清明，这是由于有私心、有我的缘故。

【原文】

可恨读底是古人书，作底是俗人事。

【译文】

可恨我们读的是古代圣贤的书，做的是俗人的事。

【原文】

越是聪明人越教诲不得。

【译文】

越是聪明的人越教诲不得。

【原文】

盗莫大于瞒心昧己，而窃劫次之。

【译文】

没有比瞒心昧己的人更大的强盗了，那些偷窃抢劫的人还是其次的。

【原文】

而今士大夫聚首时，只问我辈奔奔忙忙、熬熬煎煎，是为天下国家，欲济世安民乎？是为身家妻子，欲位高金多乎？世之治乱，民之死生，国之安危，只于这两个念头定了。嗟夫！吾辈日多而世益苦，吾辈日贵而民日穷，世何贵于有吾辈哉？

【译文】

而今士大夫相聚在一起时，只要问问我们自己劳碌奔忙、煎熬受苦，是为了天下国家、要济世安民呢？还是为了自身家庭、想官位高钱财多呢？社会的治乱，民众的死生，国家的安危，只要这两种不同的念头就可决定。唉！我们这些人越多而世人越苦，我们这些人越显贵而老百姓越贫穷，世人怎么会觉得我们这些人可贵呢？

【原文】

于天理汲汲者，于人欲必淡；于私事耽耽者，于公务必疏；于虚文烨烨者，于本实必薄。

【译文】

对天理汲汲追求的人，在人欲上必然淡薄；沉迷于私事的人，必然会疏忽公务；在没有意义的礼节上过分夸饰的人，在实在的方面必然淡薄。

【原文】

圣贤把持得义字最干净，无分毫利字干扰。众人才有义举，便不免有个利字来扰乱。利字不得，便做义字不成。

【译文】

圣贤在坚持“义”字上最干净彻底，没有丝毫“利”字干扰。一般人才有义举，就不免有个“利”字来扰乱。得不到利，就做不到义。

【原文】

小廉曲谨之士，循途守辙之人，当太平时，使治一方、理一事，尽能奉职。若定难决疑，应卒蹈险，宁用破绽人，不用寻常人。虽豪悍之魁，任侠之雄，驾御有方，更足以建奇功，成大务。噫！难与曲局者道。

【译文】

小廉曲谨之士，循规蹈矩之人，在社会太平的时候，让他治理某一个地方、处理某一件事，都能奉尽职守。如果是决断困难和可疑之事、应对突然发生的和有危险的事，宁可用有缺点的人，不用寻常之人。即使是那些最豪悍的人、最任侠的人，只要驾驭得法，更能建立奇功、成就大事。唉！这一点难以同曲局之人说明白。

【原文】

圣人悲时悯俗，贤人痛世疾俗，众人混世逐俗，小人败常乱俗。呜呼！小人坏之，众人从之，虽悯虽疾，竟无益矣。故明王在上，则移风易俗。

【译文】

圣人悲时悯俗，贤人痛世疾俗，众人混世逐俗，小人败常乱俗。唉！小人扰乱纲常习俗，众人跟着去做，即使圣人悲悯、贤人痛恨，最终也于事无补。所以只有英明的君王在位，才能移风易俗。

【原文】

凡为外所胜者，皆内不足也；为邪所夺者，皆正不足也。

【译文】

凡是被外物胜过的，都是自己的内在修养不够；凡是被邪恶压倒的，都是自己的正义不足。

【原文】

观操存在利害时，观精力在饥疲时，观度量在喜怒时，观存养在纷华时，观镇定在震惊时。

【译文】

在面临利害时可看出一个人的操守，在饥饿疲倦时可看出一个人的精力，在面对喜怒时可看出一个人的度量，在面对世事纷华时可看出一个人的修养，在遇到让人震惊之事时可看出一个人是否镇定。

【原文】

建天下之大事功者，全要眼界大。眼界大则识见自别。

【译文】

建立天下大功业的人，全要眼界宽阔。眼界宽阔，那么识见自然和一般人不一样。

【原文】

一切人为恶犹可言也，惟读书人不可为恶。读书人为恶，更无教化之人矣。一切人犯法犹可言也，做官人不可犯法。做官人犯法，更无禁治之人矣。

【译文】

一切人作恶还说得过去，只有读书人不可以作恶。读书人作恶，就再也没有教化世道人心的人了。一切人犯法还说得过去，但做官的人不可以犯法。做官的人犯法，就再也没有禁止、治理世人的人了。

【原文】

君子当事，则小人皆为君子，至此不为君子，真小人也；小人当事，则中人皆为小人，至此不为小人，真君子也。

【译文】

君子主持政事，那么小人都会成为君子，在这种情况下不做君子，那就是真正的小人；小人掌管政事，那么一般的人都会成为小人，在这种情况下不做小人，那就是真正的君子。

【原文】

士君子高谈阔论，语细探玄，皆非实际，紧要在适用济事。

【译文】

士人君子高谈阔论，言语精细、探求深远，都不切合实际，关键在于要能适用、要能成事。

【原文】

儒者惟有建业立功是难事。自古儒者成名多是讲学著述，人未尝尽试所言，恐试后纵不邪气，其实成个事功不狼狈以败者，定不多人。

【译文】

儒者只有建功立业是难事。自古以来的儒者，他们成名大多靠讲学著述，人们未曾将他们所说的全部尝试一番，恐怕真的尝试之后即使不出大问题，但要成就功业而不狼狈失败的，也一定不多。

卷五 外篇 书集

治道

【原文】

庙堂之上，以养正气为先；海宇之内，以养元气为本。能使贤人君子无郁心之言，则正气培矣；能使群黎百姓无腹诽之语，则元气固矣。此万世帝王保天下之要道也。

【译文】

君主治理天下，在朝廷上应该以养正气为先，在四海之内应该以养元气为本。能够让贤人君子没有闷在心里的话，那么正气就得以培扶了；能够让黎民百姓心中没有怨言，那么元气就坚固了。这是历代帝王保持天下太平的要道啊！

【原文】

兴利无太急，要左视右盼；革弊无太骤，要长虑却顾。

【译文】

兴利不要过急，要仔细分析各种情况；除弊也不能太急，要从长计议。

【原文】

为政之道，以不扰为安，以不取为与，以不害为利，以行所无事为兴废起敝。

【译文】

为官之道，以不扰民为安民，以不榨取民脂民膏为给予，以不祸害民众为利民，以不劳民伤财为兴利除弊。

【原文】

著令甲者，凡以示天下万世，最不可草率，草率则行时必有滞碍；最不可含糊，含糊则行者得以舞文；最不可疏漏，疏漏则出于吾令之外者无以凭藉，而行者得以专辄。

【译文】

制定法令，大凡是为了昭示天下而留传万世，最不可草率从事。草率了那么执行时一定会滞碍难通；最不能含糊其辞，含糊了那么执行的人就会玩弄法令条文而为奸作弊；最不可疏漏，疏漏了那些在法令条文规定之外的事情，就没有法律条文作为凭借，实行的人就会根据自己的意思专断擅行。

【原文】

能使天下之人者，惟神、惟德、惟惠、惟威。

神则无言无为，而妙应如响。德则共尊共亲，而归附自同。惠则民利其利，威则民畏其法。非是则动众无术矣。

【译文】

能够使天下人服从的，只有神、德、惠、威。神不说话也没有作为，而奇妙得像声音一样回应。德是大家共同尊崇、共同亲近的东西，自然都愿意归附。惠能使民众得到利益，威则让民众害怕法律的制裁。除此以外，没有别的办法能使民众听从指挥了。

【原文】

人情天下古今所同，圣人惧其肆，特为之立中以防之，故民易从。有乱道者从而矫之，为天下古今所难为之事，以为名高，无识者相与骇异之，崇奖之，以率天下，不知凡于人情不近者，皆道之贼也。故立法不可太激，制礼不可太严，责人不可太尽，然后可以同归于道。不然，是驱之使畔也。

【译文】

天下古今人们的感情都是相同的，圣人怕人们肆无忌惮，特地制定了一个中道来防备，所以民众容易遵从。有扰乱中道的人强行改变它，做一些天下古今难以做到的事，来抬高自己的名声，而那些没有见识的人就一起感到惊异，进而推崇、赞赏，想率领天下的人都这样做。他们不知道凡是不近人情的事，都是危害中道的。因此立法不可太偏激，制礼不可太严苛，责备人不可太详尽，然后才能同归于中道。不然，是驱使民众叛乱啊！

【原文】

振玩兴废，用重典；惩奸止乱，用重典；齐众催强，用重典。

【译文】

使玩忽职守的官员振作，让衰废的事业振兴，要用严刑峻法；惩治奸邪，制止叛乱，要用严刑峻法；统一民众，打击豪强，要用严刑峻法。

【原文】

民情有五，皆生于便。见利则趋，见色则爱，见饮食则贪，见安逸则就，见愚弱则欺，皆便于己故也。惟便，则术不期工而自工；惟便，则奸不期多而自多。君子固知其难禁也，而德以柔之，教以谕之，礼以禁之，法以惩之，终日与便为敌，而竟不能衰止。禁其所便，与强其所不便，其难一也。故圣人治民如治水，不能使不就下，能分之使不泛溢而已。堤之使不决，虽尧、舜不能。

【译文】

有五种民情，都是因为便利自己才产生的。看见利益就为之奔走，看见美色就爱恋，看见饮食就贪图，看见安逸就想享受，看见愚弱之人就欺侮，这都是因为对自己方便有利的缘故。只因方便有利，对那些权术不希望它被玩弄得巧妙，但它自然会巧妙；只因为方便有利，对那些奸邪的人和事不希望它多，但它自然会多。君子本来知道这些都难以禁止，就用德来感化，用教育的方法来开导，用礼仪来禁止，用法律来惩治，终日与便利作斗争而竟然不能使它衰竭停止。禁止人们感到便利的东西与强迫人们使用不便利的东西，其困难程度是相同的。所以圣人治民如治水，既然不能使水不向下流，就把它分成几个支流，使其不泛滥而已。筑一道堤坝把水堵塞起来，不让水把它冲垮，即使是尧、舜也做不到。

【原文】

尧、舜无不弊之法，而恃有不弊之身，用救弊之人以善天下之治，如此而已。今也不然，法有九利，不能必其无一害；法有始利，不能必其不终弊。嫉才妒能之人，惰身利口之士，执其一害终弊者讪笑之。谋国不切而虑事不深者，从而附和之。不曰天下本无事，安常袭故何妨；则曰时势本难为，好动喜事何益。至大坏极弊，瓦解土崩，而后付之天命焉。呜呼！国家养士何为哉？士君子委质何为哉？儒者以宇宙为分内何为哉？

【译文】

尧、舜也没有毫无弊病永不衰败的法令，但他们能依仗自己没有任何私念而又一心为民的心、使用善于挽救弊病的人来治理好天下，只是如此而已。现在则不然，法有九分益处，只是不能保证没有一分有害的地方；执法的开端是好的，只是不能保证最终没有弊病。而那些嫉才妒能的人，自身懒惰善于巧言的人，抓住这一分有害的地方和最终时的弊病就大肆嘲笑变革的人；而那些对国家的大策谋划得不切合实际、考虑事情又不深远的人就附和着一起攻击。不是说天下本来没事，安于常规、因袭过去的办法又有何妨；就是说时势本来难以改变，喜欢变动多事又有什么好处。直到法律弊端百出，坏到了极点，乃至整个形势土崩瓦解，这时又说是天命决定的。唉！国家养这么多的官吏到底为了什么呢？士君子把自己交给国家又是为什么呢？儒者把治理天下作为自己分内的责任，但又干了些什么呢？

【原文】

圣明之世，情礼法三者不相忤也。末世，情胜则夺法，法胜则夺礼。

【译文】

在圣明的盛世，人情、礼仪和法律三者并不矛盾。而在走向衰落的末世，人情占据上风时会取代法律，法律占据上风时又会取代礼仪。

【原文】

后世无人才，病本只是学政不修，而今把作万分不急之务，才振举这个题目，便笑倒人。官之无良，国家不受其福，苍生且被其祸。不知当何如处？

【译文】

后世缺乏人才，根本原因是不修学政。而今把学政看作一点都不紧急的事，才提出要振举学政，就使人笑倒。没有贤良的官员，国家就得不到福祉，老百姓就将遭受灾祸。不知面对这种情况应该怎么办？

【原文】

精神爽奋，则百废俱兴；肢体怠弛，则百兴

俱废。圣人之治天下，鼓舞人心，振作士气，务使天下之人如含露之朝叶，不欲如久旱之午苗。

【译文】

精神清爽振奋，就能百废俱兴；肢体怠惰弛懈，就会百兴俱废。圣人治理天下，善于鼓舞人心、振作士气，一定要使天下之人如早晨含露的绿叶一样生机勃勃，而不让人像久旱的正午的禾苗一样毫无生气。

【原文】

而今不要掀揭天地、惊骇世俗，也须拆洗乾坤，一新光景。

【译文】

现在即使不进行掀天揭地、惊世骇俗的变革，也要对世界进行一番改造，开启一种崭新的气象。

【原文】

振则须起风雷之益，惩则须奋刚健之乾，

不如是，海内大可忧矣。

【译文】

振作精神必须有暴风迅雷的气势，像益卦所说的那样；惩治恶行必须要刚强果断，像乾卦所说的那样。不这样，国家局势实在令人忧虑。

【原文】

公私两字，是宇宙的人鬼关。若自朝堂以至闾里，只把持得公字定，便自天清地宁，政清讼息。只一个私字，扰攘得不成世界。

【译文】

公与私，是世界上区别人与鬼的关键所在。如果上自官吏下至百姓，都能坚持一个公字，自然会天清地宁、政清讼息。如果都只讲一个私字，世界就会被搅得不成样子。

【原文】

一人忧，则天下乐；一人乐，则天下忧。

【译文】

帝王一个人的忧虑会换来天下人的欢乐，一个人的快乐会使天下人忧虑。

【原文】

治道尚阳，兵道尚阴；治道尚方，兵道尚圆。是惟无言，言必行；是惟无行，行必竟。易、简、明、达者，治之用也。有言之不必行者，有言之即行者，有行之后言者，有行之竟不言者，有行之非其所言者，融通变化，信我疑彼者，兵之用也。二者杂施，鲜不败矣。

【译文】

治国之道崇尚阳，用兵之道崇尚阴；治国之道崇尚方，用兵之道崇尚圆。要不就不说话，说了就要实行；要不就不实行，实行了就要坚持到底。便易、简洁、明白、通达，这是治国必须用的方法。有说了不必做的，有说了马上做的，有做了以后再说的，有做了以后也不说的，有做的并非是所说的，将这些方法融会贯通、不断变化，让我方的将士相信，让敌人产生怀疑，这是用兵的方法。把治国的方法和用兵的方法混合使用，很少有不失败的。

【原文】

善用威者不轻怒，善用恩者不妄施。

【译文】

善于采用威严策略的人，不轻易发怒；善于使用恩惠手段的人，不随便施恩。

【原文】

事有知其当变而不得不因者，善救之而已矣；人有知其当退而不得不用者，善驭之而已矣。

【译文】

有的事情明知道应该改变但不得不因循，只要善于补救就行了；明知道有的人应罢退却不得不留用，只要善于驾驭就行了。

【原文】

既成德矣，而诵其童年之小失；既成功矣，而笑其往日之偶败。皆刻薄之见也，君子不为。

【译文】

别人已经在德业上有了造诣，却述说他童年时的小过失；别人已经成功了，却耻笑他往日偶然的失误。这些都是刻薄之见，君子不会这样做。

【原文】

为政者，非谓得行即行，以可行则行耳。有得行之势，而昧可行之理，是位以济其恶也。君子谓之贼。

【译文】

做官的人处理政务，不能说我能够做什么就做什么，而是要看可不可以做。有能够做什么的权势，但是却违背可行的正理，随心所欲去做，那就是用他的官位来助长恶行。君子称这种做官的人为贼。

【原文】

使众之道，不分职守，则分日月，然后有所责成而上不劳，无所推委而下不奸。混呼杂命，概怒偏劳，此不可以使二人，况众人乎？勤者苦，惰者逸，讷者冤，辩者欺，贪者饱，廉者饥。是人也，即为人下且不能，而使之为人上，可叹也夫！

【译文】

役使众人的方法，不是分清每个人的职责，就是限定完成工作的日期，然后才能督责其完成任务而在上位的人又不劳累，使被役使的人无所推诿而不能耍奸滑。如果胡乱支使、乱下命令，对所有的人都发怒，只让一部分人劳累，这样做连两个人都无法役使，何况众多的人呢？让勤奋的人受苦，让懒惰的人安逸，让口讷的人受冤，让善辩的人欺骗，让贪婪的人饱食，让廉洁的人挨饿。这样的人，做一个被役使的人尚且做不好，而让他居于人上管理政事，真是可悲可叹啊！

【原文】

治病要择良医，安民要择良吏。良吏不患无人，在选择有法，而激劝有道耳。

【译文】

治病要选择良医，安抚百姓要选择好官吏。不必担心没有好官吏，只要选择的方法得当、激励的方法合适就行了。

【原文】

藏人为君守财，吏为君守法，其守一也。藏人窃藏以营私，谓之盗。吏以法市恩，不曰盗乎？卖公法以酬私德，剥民财以树厚交，恬然以为当然，可叹哉！

【译文】

管理府库的人为国君守护财产，官吏为国君保护法律，他们守护的职责都是一样的。管理府库的人盗窃国库的财产据为己有称作盗，官吏用法律来换取别人对他的感激不是盗吗？出卖公法来报答别人的私恩，剥夺民众的财产来树立私党，还恬不知耻地以为是应该做的事，真让人为之叹息啊！

【原文】

整顿世界，全要鼓舞天下人心。鼓舞人心，先要振作自家神气。而今提纲挈领之人，奄奄气不足以息，如何教海内不软手折脚、零骨懈髓底！

【译文】

整顿世界的关键，在于鼓舞天下人的心。而要鼓舞人心，首先要使自己振作起来。如今那些掌握大权的人，自己奄奄一息、毫无精神，这样怎能使天下的人不软手折脚、有气无力呢！

【原文】

事有大于劳民伤财者，虽劳民伤财亦所不顾。事有不关利国安民者，虽不劳民伤财亦不可为。

【译文】

事情有比劳民伤财还紧要的，虽明知劳民伤财也要去做。事情有与利国安民无关的，即使不劳民伤财也不可以做。

【原文】

天地之财，要看他从来处，又要看他归宿处。从来处要丰要养，归宿处要约要节。

【译文】

世间的各种财物，要看它从何处来，又要看如何使用。来的地方要宽绰、善于养护，去的地方要节约。

【原文】

为政之道，第一要德感诚孚，第二要令行禁止。令不行，禁不止，与无官无政同，虽尧、舜不能治一乡，而况天下乎！

【译文】

为政之道，第一要用德感化人、用诚心使人信服，第二要令行禁止。有令不行、有禁不止，与没有官员和政府一样，即使是尧、舜也无法将一个乡治理好，何况治理整个国家呢！

【原文】

印书先要个印板真，为陶先要个模子好。以邪官举邪官，以俗士取俗士，国欲治，得乎？

【译文】

印书先要有个真印板，烧制陶器先要有好模子，以邪恶的官员荐举邪恶的官员，以庸俗的人来择取庸俗的人，国家要治理好，可能吗？

【原文】

不伤财，不害民，只是不为虐耳。苟设官

而惟虐之虑也，不设官其谁虐之？正为家给人足，风移俗易，兴利除害，转危就安耳。设廉静寡欲，分毫无损于民，而万事废弛，分毫无益于民也，逃不得“尸位素餐”四字。

【译文】

不伤财、不害民，只是没有残暴地伤害民众罢了。如果设置官吏只考虑到他们不残害民众就行了，那么不设置官吏的话，有谁去残害百姓呢？设置官吏的目的，正是为了能使民众家给人足，能移风易俗、兴利除害、转危为安而已。如果官吏只是廉静寡欲，分毫不损害民众，但万事荒废怠弛、对民众没有分毫的益处，那么就逃不掉“尸位素餐”这四个字。

【原文】

要天下太平，满朝只消三个人，一省只消两个人。

【译文】

要使天下太平，整个朝廷只要有三个官员，一个省只要有两个官员就可以了。

【原文】

小人只怕他有才，有才以济之，流害无穷。君子只怕他无才，无才以行之，斯世何补？

【译文】

小人就怕有才能，小人以才能作辅助，危害就会更大。君子就怕没有才能，君子没有才能而去做事，对社会有什么用处呢？

【原文】

事有便于官吏之私者，百世常行，天下通行，或日盛月新，至弥漫而不可救。若不便于己私，虽天下国家以为极，便屡加申饬，每不能行，即暂行亦不能久。负国负民，吾党之罪大矣！

【译文】

对官吏私人有利的事，往往百世常行，普天下都能通行，甚至会日盛月新，以至弥漫天下而不可挽救。如果是对官吏私人不利的事，即使天下人和国家认为极其有利，屡加告诫，每每不能通行，即使暂时执行也不会长久。辜负国家、辜负民众，我们这些人的罪责可大了。

【原文】

上德默成，示意而已。其次示观，动其自然。其次示声色。其次示是非，使知当然。其次示毁誉，使不得不然。其次示祸福。其次示赏罚。其次示生杀，使不敢不然。盖至于示生杀，而御世之术穷矣。叔季之世，自生杀之外无示也。悲夫！

【译文】

最高的治德在默默中形成，只是向老百姓示意而已。其次是把有关的东西给老百姓看，让老百姓自然而动。其次是表现出自己的喜怒。其次是指出是非，使老百姓知道应当如何去做。其次是把毁誉指出来，使老百姓不得不那样做。其次是向老百姓指示祸福。其次是将赏罚指示出来。最后是示以生杀之权，使人不敢不那样做。到用生杀之权的时候，表明制驭老百姓的权术已经用尽了。到了末世，除了以生杀之权威慑老百姓之外已无路可走。可悲啊！

【原文】

权之所在，利之所归也。圣人以权行道，小人以权济私。在上者慎以权与人。

【译文】

有了权力，就有了利益。圣人以权力践行道，小人以权力谋取私利。在上位的人，不要轻易把权力交给人。

【原文】

当事者，须有贤圣心肠、英雄才识。其谋国忧民也，出于恻怛至诚；其图事揆策也，必极详慎精密。踌躕及于九有，计算至于千年，其所施设，安得不事善功成、宜民利国！今也怀贪功喜事之念，为孟浪苟且之图，工粉饰弥缝之计，以遂其要荣取贵之奸，为万姓造殃不计也，为百年开衅不计也，为四海耗蠹不计也，计吾利否耳。呜呼！可胜叹哉！

【译文】

当权的人须有圣贤心肠、英雄才识。为国家谋划、为民众担忧，完全出于至诚和同情；图谋事情、筹划策略，一定极为详慎精密。周密地考虑能从天下着眼，精确地计算会想到千年之远，这样做，所提出的措施办法怎么会不事善功成、宜民利国呢？现在当权的人只怀着贪功喜事的念头，做那些鲁莽苟且的事情，善于做那些粉饰和涂抹的表面功夫来实现其要荣取贵的奸谋。是否会给百姓带来祸殃，他们是不会考虑的;是否会在以后引起争端,他们是不会放在心上的;消耗了天下多少财力,他们也不会去计算,他们只计算对自己有利无利。唉!对这种情况真是感叹不尽啊!

【原文】

民情不可使不便,不可使甚便。不便则壅阏而不通,甚者令之不行,必溃决而不可收拾;甚便则纵肆而不检,甚者法不能制,必放溢而不敢约束。故圣人同其好恶,以体其必至之情,纳之礼法,以防其不可长之渐。故能相安相习,而不至于为乱。

【译文】

对于民众的情感,不可使它们不便于满足,又不能让它们太便于满足。不便于满足就会壅塞不通,甚至政令无法贯彻,结果必然溃决不可收拾;太便于满足就会放纵恣肆而不加检点,甚至法律都不能控制,结果必然放溢而不敢约束。因此圣人善于和民众同好恶,以体会他们不得已之情;将民情纳于礼法之中,防止那些不可让它滋长的错误苗头。因此能让老百姓相安相习而不至于为乱。

【原文】

天下之事,要其终而后知。君子之用心,君子之建立,要其成而后见事功之济否。可奈庸人俗识,谗夫利口,君子才一施设,辄生议论。或附会以诬其心,或造言以甚其过。是以志趋不坚、人言是恤者,辄灰心丧气,竟不卒功;识见不真、人言是听者，辄罢君子之所为，不使终事。呜呼！大可愤心矣。古之大建立者，或利于千万世而不利于一时，或利于千万人而不利于一人，或利于千万事而不利于一事。其有所费也，似贪；其有所劳也，似虐；其不避嫌也，易以招摘取议。及其成功，而心事如青天白日矣。奈之何铄金销骨之口，夺未竟之施，诬不白之心哉？呜呼！英雄豪杰，冷眼天下之事，袖手天下之敝，付之长吁冷笑，任其腐溃决裂而不之理，玩日愒月，尸位素餐，而苟且目前以全躯保妻子者，岂得已哉！盖惧此也。

【译文】

天下的事，要到最后才能知道结果。君子的用心、君子的建树，要等事情完成以后才能看出成功与否。无奈庸人的俗见、谗夫的利口，君子才开始做事他们就大发议论。或者用附会的办法来诬蔑君子的用心，或者用造谣的方法来夸大君子的过失。因此那些意志不坚强、顾虑别人议论的人就灰心丧气，最终使事情不能成功。那些识见不定、专听那些闲言碎语的人，听到了这些议论就停止君子的所作所为，使事情半途而废。唉！真让人可气可恨啊！古时候建立大的功

业，有的对千万世有利，而对当时不一定有利；有的对千万人有利，而对某一人不利；有的对千万件事有利，而对某一件事不利。耗用的财力很多，好像很贪婪；让人非常辛劳，有点近似于虐待；做事不避嫌疑，也容易招来议论指责。等到做成功时，他的心事就如青天白日一样了。为什么那些庸人谗夫要用铄金销骨之口来破坏那些未完成的事业、诬蔑君子的难以剖白之心呢？唉！英雄豪杰冷眼旁观天下之事，袖手旁观天下之弊，只付以长吁冷笑，任其腐溃决裂而不管；只是虚度岁月，尸位素餐，苟且目前以保全自己和家庭，这样做难道是出于自己的真心吗？这是害怕那些谗言利口啊！

【原文】

官贵精不贵多，权贵一不贵分。大都之内，法令不行，则官多权分之故也，故万事俱弛。

【译文】

官贵于精而不贵于多，权力要统一而不要分散。在大的都邑里，法令得不到贯彻，就因为这里的官员太多，权力过于分散，因此各种事情都废弛了。

【原文】

居官有五要：休错问一件事，休屈打一个人，休妄费一分财，休轻劳一夫力，休苟取一文钱。

【译文】

做官有五个要点：不要错问一件事，不要屈打一个人，不要浪费一分钱，不要轻易支使一个人，不要乱取一文钱。

【原文】

在上者能使人忘其尊而亲之，可谓盛德也已。

【译文】

身居高位的人，如果能够让人们忘掉他尊贵的身份而与之亲近，就可以称为盛德了。

【原文】

多事之秋，用无才之君子，不如用有才之小人。

【译文】

处在多事之秋，任用没有才能的君子，不如用有才能的小人。

【原文】

一代人才，自足以成一代之治。既作养无术，而用之者又非其人，无怪乎万事不理也。

【译文】

一代人才，本来完全可以成就一代之治。但一方面提拔、培养人才的方法不当，另一方面任用人才的人又不贤明，天下万事没有得到治理，就一点也不奇怪了。

卷六 外篇 数集

人 情

【原文】

无所乐有所苦，即父子不相保也，而况民乎？有所乐无所苦，即戎狄且相亲也，而况民乎？

【译文】

没有欢乐只有艰难困苦，即使是父子关系也不能维持，更何况一般百姓呢？尽是欢乐而没有艰难困苦，即使是戎狄也能相亲相爱，更何况一般百姓呢？

【原文】

世之人，闻人过失，便喜谈而乐道之；见人规己之过，既掩护之，又痛疾之；闻人称誉，便欣喜而夸张之；见人称人之善，既盖藏之，又搜索之。试思这个念头是君子乎？是小人乎？

【译文】

世上的人，听到别人的过失，就谈论不休、到处传播；见别人指责自己的过错，不仅竭力去掩饰过失，而且对规劝自己的人非常痛恨；听到别人夸奖自己,就洋洋得意,并夸大其词;听到别人称赞他人的仁善德行,不仅竭力去掩盖他人的善,而且百般挑剔他人的毛病,试问有这样念头的人,是君子还是小人?

【原文】

论人情,只往薄处求;说人心,只往恶边想。此是私而刻底念头,自家便是个小人。古人责人,每于有过中求无过,此是长厚心、盛德事。学者熟思,自有滋味。

【译文】

谈论人情的时候,总是往人情淡薄处探求;论说人心的时候,总是往人心不好的一面想。这是自私刻薄的念头,这种人自己就是个小人。古人责备人,常常从他人的过错中寻找正确的地方,这才是长厚之心、盛德之事。求学的人仔细思考,其中自有一番滋味。

【原文】

人说己善则喜,人说己过则怒。自家善恶自家真知,待祸败时欺人不得。人说体实则喜,人说体虚则怒。自家病痛自家独觉,到死亡时欺人不得。

【译文】

听到别人说自己的好就高兴,听到别人说自己的不好就恼怒。自己的好坏自己最清楚,等到遭祸落败时就谁也欺骗不了。听到别人说自己身体健壮就高兴,听到别人说自己身体虚弱就恼怒。自己身上的病痛只有自己感觉得到,待到死亡时就谁也欺骗不了。

【原文】

一巨卿还家，门户不如做官时，悄然不乐，曰："世态炎凉如是，人何以堪！"余曰："君自炎凉，非独世态之过也。平常淡素，是我本来事；热闹纷华，是我傥来事。君留恋富贵，以为当然；厌恶贫贱，以为遭际，何炎凉如之，而暇叹世情哉？"

【译文】

一位大官告老还家以后，门户不如原先热闹，心中悄然不乐，说："世态炎凉到了如此地步，真让人受不了！"我说："这是你自己心中有炎凉之念，并不只是世态的过错啊！平常淡素，是我们本来应该过的日子；热闹纷华，是偶然得来的。你留恋富贵，以为这是当然应该过的日子；厌恶贫贱，以为这是遭遇不好。你自己有这样的炎凉之心，怎么还有空暇感叹世情呢！"

【原文】

迷莫迷于明知，愚莫愚于用智，辱莫辱于求荣，小莫小于好大。

【译文】

执迷莫过于明明知道而执迷不悟，愚蠢莫过于施展自己的小聪明，耻辱莫过于忍辱求荣，渺小莫过于好大喜功。

【原文】

将好名儿都收在自家身上，将恶名儿都推在别人身上，此天下通情。不知此两个念头都

揽个恶名在身,不如让善引过。

【译文】

把好的名声都归之于自己,把不好的名声都推给别人,这是天下人的通病。殊不知这两个念头都会把坏名声揽在自己身上,还不如主动把好名声让给别人,把过错留给自己。

【原文】

露己之美者恶,分人之美者尤恶,而况专人之美、窃人之美乎?吾党戒之。

【译文】

宣扬自己好处的人可恶,分占别人好处的人更加可恶,何况占据别人的好处和窃取别人的好处呢?我们应当戒除这些。

【原文】

爱人以德而令之仇,人以德爱我而仇之,此二人者皆愚也。

【译文】

以德爱人反而为他人所仇视,他人以德爱我反而为我所仇视,这两种人都是蠢人。

【原文】

朝廷法纪做不得人情，天下名分做不得人情，圣贤道理做不得人情，他人事做不得人情，我无力量做不得人情。以此五者徇人，皆妄也。君子慎之。

【译文】

国家的律令法规不能用来做人情，天下的名分不能用来做人情，圣贤的道理不能用来做人情，他人的事情不能用来做人情，自己力量不够也不能做人情。拿这五种来做人情，都是非分而不合常理的。君子对此应慎之又慎。

【原文】

古人之相与也，明目张胆，推心置腹。其未言也无先疑；其既言也无后虑。今人之相与也，小心屏息，藏意饰容。其未言也怀疑畏，其既言也触祸机。哀哉！安得心地光明之君子，而与之披情愫、论肝膈也？哀哉！彼亦示人以光明，而以机阱陷人也。

【译文】

古代人相互交往时，心胸坦荡、推心置腹。没说话的时候，不必先心存疑虑；已经讲了的话，也不必有后顾之忧。现在的人相互交往，小心谨慎，隐藏意图掩饰容貌。还没有说话时就怀着疑虑畏慎之心，说了以后又担心引来灾祸。真可悲啊！哪儿能找到心地光明的君子，可以与他诉衷情、披肝胆呢？可悲啊！古人光明正大和人交往，现在的人却在设陷阱害人。

【原文】

古之君子，不以其所能者病人；今人却以其所不能者病人。

【译文】

古时候的君子从来不拿自己的长处来苛求他人，现在的人却拿自己所不能做到的事去责怪他人。

【原文】

古人名望相近则相得，今人名望相近则相妒。

【译文】

古时候的人，名望地位相近能够和好相处；现在的人，名望地位相近就相互嫉妒。

【原文】

福莫大于无祸，祸莫大于求福。

【译文】

福没有比无祸无灾更大的了，祸没有比追求福更大的了。

【原文】

两悔无不释之怨，两求无不合之交，两怒无不成之祸。

【译文】

双方都悔悟，就没有不能化解的怨仇；双方都有所求，就没有不能合作的交往；双方都发怒，就没有酿不成的灾祸。

【原文】

己无才而不让能，甚则害之；己为恶而恶人之为善，甚则诬之；己贫贱而恶人之富贵，甚则倾之。此三妒者，人之大戮也。

【译文】

自己没有才能而又不礼让有才能的人，甚至迫害有才能的人；自己作恶而又嫉恨他人行善，甚至诬陷行善的人；自己贫贱而又嫉恨他人的富贵，甚至倾陷富贵的人。这三种嫉妒的人，是最应当杀掉的人。

【原文】

以患难时心居安乐，以贫贱时心居富贵，以屈局时心居广大，则无往而不泰然。以渊谷视康庄，以疾病视强健，以不测视无事，则无往而不安稳。

【译文】

如果能以患难时的心情对待安乐的日子，以贫贱时的心情对待富贵的日子，以委屈局促时的心情对待能够自由伸展的日子，就没有什么时候不泰然自若。如果能把深渊峡谷视作康庄大道，把疾病视作健康，把不测之祸视作无事，就没有什么时候不安稳。

【原文】

积威与积恩，二者皆祸也。积威之祸可救，积恩之祸难救。积威之后，宽一分则安，恩一分则悦；积恩之后，止而不加则以为薄，才减毫发则以为怨。恩极则穷，穷则难继；爱极则纵，纵则难堪。不可继则不进，其势必退。故威退为福，恩退为祸；恩进为福，威进为祸。圣人非靳恩也，惧祸也。湿薪之解也易，燥薪之束也难。圣人之靳恩也，其爱人无已之至情，调剂人情之微权也。

【译文】

积威和积恩，这二者都是祸害。因积威而致的祸可救，因积恩而致的祸难救。积威之后放宽一分对方就会安心，恩宠一分对方就会高兴。积恩之后恩惠停止而不再增加，对方就以为薄情，才减少丝毫，对方就会怨怒。恩情到了极点就穷尽了，穷尽了就难以为继；爱宠到了极点就会放纵，放纵就让人难以忍受。不能再继续给以恩惠，关系就不会进一步密切，最终必然疏远。所以，减少对他人的威势，对自己是福；减少对他人的恩惠，对自己是祸。增加对别人的恩惠，对自己是福；增加对别人的威势，对自己是祸。圣人并不是吝惜施给人恩惠，而是害怕带来祸患。柴火湿了，解开捆着的绳子很容易；干燥的柴火，捆扎起来就困难了。圣人吝惜恩惠，是因为他的爱人之情已达到了极限，这是调剂人情的权变之法啊！

【原文】

人皆知少之为忧，而不知多之为忧也。惟智者忧多。

【译文】

人们都为少而担忧，却不知道多才是应该担忧的，只有大智的人才知道为多而担忧。

【原文】

施人者虽无已，而我常慎所求，是谓养施；报我者虽无已，而我常不敢当，是谓养报。此不尽人之情，而全交之道也。

【译文】

帮助别人的人，虽然没有限度，但我却要慎重地提出请求，这叫做养施；报答我的人，虽然不会停止感激，但我却常常不敢接受，这叫做养报。这样做，不仅可以使人情留有余地，也是保全交情的方法。

【原文】

攻人者，有五分过恶，只攻他三四分，不惟彼有馀惧，而亦倾心引服，足以塞其辩口。攻到五分，已伤浑厚，而我无救性矣。若更多一分，是贻之以自解之资，彼据其一而得五，我贪其一而失五矣。此言责家之大戒也。

【译文】

指出别人错误的时候，对方有五分错误，只指出三、四分就可以了。这样做，不只使对方心有余惧，而且会让他心服口服，不再辩解。如果指出五分，不仅有伤厚道，自己也无回旋的余地了。假如再多一分，这就给了对方辩解的口实。他根据这不符合实际的一分来为自己那实际存在的五分辩解；我只多说了一分，而那符合实际的五分也等于白说了。这是向别人进言的人尤其要引以为戒的。

【原文】

见利向前，见害退后；同功专美于己，同过

委罪于人。此小人恒态，而丈夫之耻行也。

【译文】

见到利益就向前，见到危险就退缩；与别人一起建立功劳却把功劳全都归于自己，与他人共同犯错误却将责任都推卸给他人。这是小人的通常表现，大丈夫会以此为耻。

【原文】

任彼薄恶，而吾以厚道敦之，则薄恶者必愧感，而情好愈笃。若因其薄恶也，而亦以薄恶报之，则彼我同非，特分先后耳，毕竟何时解释？此庸人之行，而君子不由也。

【译文】

任凭对方对我如何的薄情，态度如何的恶劣，我都要以厚道来对待他，这样，对你薄恶的人必然会受到感动而惭愧，双方感情会更加深厚。如果因为对方对我薄情，对我态度不好，自己也用同样的态度来报复他，那样双方都错了，只不过有个先后之分而已。这样做，两个人的怨恨何时才能消除呢？这是庸人的做法，君子是不会这样做的。

【原文】

恕人有六：或彼识见有不到处，或彼听闻

有未真处，或彼力量有不及处，或彼心事有所苦处，或彼精神有所忽处，或彼微意有所在处。先此六恕，而命之不从，教之不改，然后可罪也已。是以君子教人而后责人，体人而后怒人。

【译文】

有六种情况可以宽恕别人：或者因为他识见不到，或者因为他听闻不真，或者因为他力量不够，或者因为他心中有难言之苦，或者因为他精神有所疏忽，或者因为他另有微妙的用意。先考虑这六种情况予以宽恕，而后还不服从命令、不听从教育的，可以进行惩处。因此君子先教育人，然后才责罚人；先体谅人，然后才怪罪人。

【原文】

情不足而文之以言，其言不可亲也；诚不足而文之以貌，其貌不足信也。是以天下之事贵真，真不容掩，而见之言貌，其可亲可信也夫。

【译文】

感情不深厚而用言语来文饰，这样的言语也不会使人感到亲近；诚恳不够而用外表来文饰，这样的外表也不会让人相信。因此天下的事情贵在真，有了真实的感情是掩饰不住的，而真情表现在面容和语言上就让人感到可亲可信了。

【原文】

人到无所顾惜时，君父之尊不能使之严，鼎镬之威不能使之惧，千言万语不能使之喻，虽圣人亦无如之何也已。圣人知其然也，每养其体面，体其情私，而不使至于无所顾惜。

【译文】

人到无所顾惜的时候，君父的威严也不能使他尊敬，下锅煎烹这样的酷刑也不会使他害怕，千言万语也不能使他醒悟，即使是圣人对他也无可奈何。圣人知道这个道理，所以每每要保全人的体面，体谅他们的感情和私心，而不让人沦于无所顾惜的境地。

【原文】

称人以颜子，无不悦者，忘其贫贱而夭；称人以桀、纣、盗跖，无不怒者，忘其富贵而寿。好善恶恶之同然如此，而作人却与桀、纣、盗跖同归，何恶其名而好其实耶？

【译文】

称赞别人像孔子的弟子颜渊，人家没有不高兴的，而忘记了颜渊的贫贱和短命；把人比做桀、纣、盗跖，人家没有不大怒的，而忘记了桀、纣、盗跖的富贵和长寿。人们喜好善、厌恶恶的心理相同到如此的地步，而做人却和桀、纣、盗跖一样，怎能只厌恶他们的恶名而喜欢他们的实质呢？

【原文】

今人骨肉之好不终，只为看得尔、我二字太分晓。

【译文】

现在的人连骨肉之情也不能保持到底，只是因为把你、我二字看得太分明。

【原文】

人情愈体悉，愈有趣味；物理愈玩索，愈有入头。

【译文】

对人情越是体察熟知，越觉得有趣味；对事物的道理越玩味探索，越觉得有意味。

【原文】

有二三道义之友，数日别便相思，以为世俗之念一别便生，亲厚之情一别便疏。余曰：“君此语甚有趣向，与淫朋狎友滋味迥然不同，但真味未深耳。孔、孟、颜、思，我辈平生何尝一接？只今诵读体认间如朝夕同堂对语，如家人父子相依，何者？心交神契，千载一时，万里一身也。久之，彼我且无，孰离孰合，孰亲孰疏哉？若相与而善念生，相违而欲心长，即旦暮一生，济得甚事？”

【译文】

有几个以道义相交的朋友，分别几天便相互思念。他们认为，世俗的念头，一分别就会产生；亲厚的情义，一分别就会疏远。我说：“你们的话很有趣味，同那些淫朋狎友的滋味迥然不同，只是真味还不深。孔子、孟子、颜回、子思，我们平生何曾和他们接触？只是现在诵读和体会他们的著作时，就如同朝夕相处、同堂对话一般，就如同家人父子相依靠一样。为什么呢？这是因为心交神合，虽相距千载而如同生活在一个时代，相距万里而如同一个人一样。时间久了，没有了彼此之分，哪还有谁离谁合、谁亲谁疏之分呢？如果在一起则善念生，一分开则欲心长，这样即使一生都在一起，又有什么用呢？

物 理

【原文】

鸱鸦，其本声也如鹊鸠然，第其声可憎，闻者以为不祥，每弹杀之。夫物之飞鸣，何尝择地哉？集屋鸣屋，集树鸣树。彼鸣屋者，主人疑之矣，不知其鸣于野树，主何人不祥也？至于犬人行、鼠人言、豕人立，真大异事，然不祥在物，无与于人。即使于人为凶，然亦不过感戾气而呈兆，在物亦莫知所以然耳。盖鬼神爱人，每示人以趋避之几，人能恐惧修省，则可转祸为福。如景公之退孛星，高宗之枯桑谷，妖不胜德，理气必然。然则妖异之呈兆，即蓍龟之告繇，是吾师也，何深恶而痛去之哉？

【译文】

猫头鹰的鸣叫也如同喜鹊和斑鸠的鸣叫一样，但因为叫声难听，听到的人就认为是不祥之兆，常常要射杀它。鸟类飞翔的时候鸣叫，何尝会选择地点呢？落在屋上就在屋上鸣叫，落在树上就在树上鸣叫。落在屋上鸣叫的，屋子的主人就怀疑会给自己带来灾祸，不知在野外树上鸣叫的，会主何人不吉祥？至于犬如人行，鼠如人言，豕如人立，真是非常奇异的事情，然而不祥只表现在动物的身上，和人没有关系。即使对人是个凶事，也不过是物感受了乖戾之气而呈现出来的凶兆罢了，动物本身也不知其所以然。鬼神爱人，每每向人显示趋福避灾的征兆，人如果能够心存恐惧而注意修养省察，就可以转祸为福。如齐景公没有祭祀就消除了彗星出现可能带来的灾祸，商朝高宗用修德的方法来避免桑谷生于朝可能会带来的祸殃，这是因为妖不胜德，正理、正气必然占上风。然而出现了妖异征兆，就如同占卜时的预告，可以视作我们的老师啊！为什么还要深恶痛绝地除掉它们呢？

【原文】

临池者不必仰观，而日月星辰可知也；闭户者不必游览，而阴晴寒暑可知也。

【译文】

站在池塘边的人，不用仰头观看天空，就能看到日月星辰；闭门在家的人，不必出外游览观看，阴晴寒暑就可一清二楚。

【原文】

古今载籍，莫滥于今日。括之有九：有全书，有要书，有赘书，有经世之书，有益人之书，有无用之书，有病道之书，有杂道之书，有败俗之书。《十三经注疏》、《二十一史》，此谓全书。或撮其要领，或类其隽腴，如《四书》、《六经集注》、《通鉴》之类，此谓要书。当时务，中机宜，用之而物阜民安，功成事济，此谓经世之书。言虽近理，而掇拾陈言，不足以羽翼经史，是谓赘书。医技农卜，养生防患，劝善惩恶，是谓益人

之书。无关于天下国家，无益于身心性命，语不根心，言皆应世，而妨当世之务，是谓无用之书，又不如赘。佛、老、庄、列，是谓病道之书。迂儒腐说，贤智偏言，是谓杂道之书。淫邪幻诞，机械夸张，是谓败俗之书。有世道之责者，不毅然沙汰而芟锄之，其为世教人心之害也不小。

【译文】

古今书籍没有像现在这样泛滥的，概括起来有九种：有全书，有要书，有赘书，有经世之书，有益人之书，有无用之书，有病道之书，有杂道之书，有败俗之书。《十三经注疏》、《二十一史》，这叫做全书。或摘其要领，或聚其精华，如《四书》、《六经集注》、《通鉴》之类，这叫要书。适应当世的要务，适合时机的决策，采用它可以物阜民安、功成事济，这叫做经世之书。言论虽然切近事理，但是掇拾陈言，不足以解说经史，这叫做赘书。医技农卜，养生防患，劝善惩恶之类的书，叫做益人之书。无关于天下国家的治乱，无益于身心性命的修养，语言不是发自内心，说出来是为了应付世事，而又妨害当世要务的，这叫做无用之书，还不如赘书。佛、老、庄、列，叫做病道之书。迂儒腐说、贤智偏言，叫做杂道之书。淫邪幻诞、机械夸张，叫做败俗之书。对世道负有责任的人如果不毅然对这些书籍进行淘汰或禁毁，会对世教人心造成不小的危害。

【原文】

火不自知其热，冰不自知其寒，鹏不自知其大，蚁不自知其小，相忘于所生也。

【译文】

火不知道自己是热的，冰不知道自己是寒冷的，大鹏不知道自己的巨大，蚂蚁不知道自己的微小，这是由于它们忘记自己由来的缘故。

【原文】

大风无声，湍水无浪，烈火无焰，万物无影。

【译文】

大风没有声音，急流的水没有波浪，熊熊的烈火没有浓焰，世上万物没有影子。

【原文】

无功而食，雀鼠是已；肆害而食，虎狼是已。士大夫可图诸座右。

【译文】

不付出劳动而获得食物，只是麻雀、老鼠罢了；肆意伤害他人而获得食物，只是虎、狼罢了。做官的人，应将这话作为座右铭。

【原文】

圣人因蛛而知网罟，蛛非学圣人而布丝也；因蝇而悟作绳，蝇非学圣人而交足也。物者天能，圣人者人能。

【译文】

圣人是根据蜘蛛所结的网而知道如何制作渔网的，但蜘蛛并不是从圣人那里学会布丝的；圣人是根据蝇结绳而悟出制作绳的方法的，但蝇并不是从圣人那里学会交足的。由此看来，万物所具有的是天赋的本能，圣人所具有的是人后天的才能。

广　喻

【原文】

坐井者不可与言一度之天，出而四顾，则始觉其大矣。虽然，云木碍眼，所见犹拘也，登泰山之巅，则视天莫知其际矣。虽然，不如身游八极之表，心通九垓之外。天在胸中如太仓一粒，然后可以语通达之识。

【译文】

对坐在井里的人，不可和他谈论一度大的天，等他从井里出来四下一望，才知道天的广阔。虽然如此，如果被云彩和树木遮住了视线，所看到的天空也会有所局限。登上泰山的顶峰，看天空就会感到无边无际。虽然如此，不如身游八方极远的地方，心通九垓之外，天在胸中有如太仓的一粒米一样，这才可以谈论通达的见识。

【原文】

有国家者，厚下恤民，非独为民也。譬之于墉，广其下，削其上，乃可固也；譬之于木，溉其本，剔其末，乃可茂也。夫墉未有上丰下狭而不倾，木未有露本繁末而不毙者。可畏也夫！

【译文】

拥有国家的人，使民众富足，体恤民情，并不只是为了民众。这就好比修筑城墙，要使下部宽厚、上边狭窄，这才会坚固；又如同种树，要浇灌根部，修剪树梢，树木才会茂盛。城墙没有上宽下窄而不倾倒的，树木没有根部外露树梢繁茂而不死亡的。这种情况真可怕啊！

【原文】

天下之势，积渐成之也。无忽一毫，舆羽折轴者，积也。无忽寒露，寻至坚冰者，渐也。自古天下国家、身之败亡，不出积渐二字。积之微，渐之始，可为寒心哉！

【译文】

天下的形势，都是渐渐积累而成的。不要忽略一丝一毫，装载羽毛的车能折断车轴，这是一点一点的积累造成的。不要忽略寒冷的露水，不久就会出现坚冰，这是渐渐变化的结果。自古以来天下、国家、自身的败亡，不出“积渐”二字。积累之初哪怕是微小的，逐渐形成的东西哪怕才开始，都可让人心中害怕啊！

【原文】

火之大灼者无烟，水之顺流者无声，人之情平者无语。

【译文】

烧得大的火没有浓烟，顺流的水没有声音，情绪平和的人没有愤懑之语。

【原文】

背上有物，反顾千万转而不可见也，遂谓人言不可信。若必待自见，则无见时矣。

【译文】

自己背上有东西，怎么转着身子看也看不见，于是就认为别人说的话不可信。如果什么事都要亲眼看见，那就没有看得见的时候了。

【原文】

齿之密比，不嫌于相逼，固有故也。落而补之，则觉有物矣。夫惟固有者，多不得，少不得。

【译文】

人的牙齿密集地排列在一起，从不觉得相逼太近，这是因为这些牙齿是自己固有的。如果掉了一颗再补上，就会觉得有什么东西让人不舒服。看来自己本身固有的东西，多不得，也少不得。

【原文】

以果下车驾骐骥，以盆池水养蛟龙，以小廉细谨绳英雄豪杰，善官人者笑之。

【译文】

用小车来套骏马，用一盆池水来养蛟龙，用小廉细谨来拘束英雄豪杰，真可让善于选拔人才授予官职的人发笑。

【原文】

长戟利于锥，而戟不可以为锥；猛虎勇于

狸，而虎不可以为狸。用小者无取于大，犹用大者无取于小，二者不可以相诮也。

【译文】

长戟比锥子锋利，但长戟不可当锥子使用；猛虎比狸猫勇敢，但猛虎却不可像狸猫去捉老鼠。作用小的不能代替作用大的，如同作用大的不能代替作用小的一样，二者不能够相互讥诮。

【原文】

夭乔之物利于水泽，土燥烈，天暵干，固枯槁矣。然沃以卤水则黄，沃以油浆则病，沃以沸汤则死，惟井水则生，又不如河水之王。虽然，倘浸渍汪洋，泥淖经月，惟水物则生，其他未有不死者。用恩顾不难哉？

【译文】

植物适宜在水边生长，土燥烈，天干旱，就会枯槁。但是，如果用卤水浇灌就会发黄，用油浆浇灌就会生病，用沸水浇灌就会被烫死，只有浇上井水才会生长，但又不如浇上河水长得茂盛。虽然如此，如果一直浸泡在水中，整月都在泥淖中，只有生长在水中的植物才能成活，其他没有不死的。由此看来，施以恩惠难道不是件很难的事吗？

【原文】

大车满载，蚊蚋千万集焉，其去其来，无加于重轻也。

【译文】

一辆满载的大车，即使有千千万万只蚊蚋爬满大车，它们的飞来与飞去，对大车的重量根本就不会有什么影响。

【原文】

苍松古柏与夭桃秾李争妍，重较鸾镳与冲车猎马争步，岂直不能？亦可丑矣。

【译文】

苍松古柏与艳丽的桃花、李花比娇艳，载重的鸾驾与冲车快马比速度，岂止是不能比？还要为此感到羞耻。

【原文】

锁钥各有合，合则开，不合则不开。亦有合而不开者，必有所以合而不开之故也。亦有终日开，偶然抵死不开，必有所以偶然不开之故也。万事必有故，应万事必求其故。

【译文】

每把锁和每把钥匙都是各自相合的，相合就能打开，不相合就不能打开。也有虽然相合而打不开的，必然有相合而打不开的原因。也有天天都能打开但偶然无论如何都打不开的，必然有偶然打不开的原因。万事万物无不有其原因，要应付万事就一定要找出它的原因。

【原文】

窗间一纸，能障拔木之风；胸前一瓠，不溺拍天之浪。其所托者然也。

【译文】

窗户上的窗纸，能遮挡拔倒树木的大风；胸前带着浮水的瓠，就不会淹没于波涛汹涌的巨浪中。这是因为所依靠的东西使它们能够做到这样。

【原文】

海，投以污秽，投以瓦砾，无所不容；取其宝藏，取其生育，无所不与。广博之量足以纳，触忤而不惊；富有之积足以供，采取而不竭。圣人者，万物之海也。

【译文】

将各种污秽之物和瓦砾投进大海中，它没有不容纳的；从大海中提取各种宝藏和形形色色的生物，它没有不给予的。其广博之量足以容纳一切，即使遇到忤逆也不会惊怒；其丰富的积累足以供给一切，即使经常被人提取也不会枯竭。圣人就像容纳万物的大海一样。

【原文】

恶言如鸱枭之嗷，闲言如燕雀之喧，正言如狻猊之吼，仁言如鸾凤之鸣。以此思之，言可弗慎欤？

【译文】

恶言如同猛禽的号叫，闲言如同燕雀的喧叫，正言如同狮子的怒吼，仁言如同凤凰的鸣叫。由此来看，说话能够不慎重吗？

【原文】

掷发于地，虽乌获不能使有声；投核于石，虽童子不能使无声。人岂能使我轻重哉？自轻重耳。

【译文】

把头发扔在地上，即使是乌获那样的大力士，也不能使它发出声音；把果核扔在石头上，即使是小孩子也不能使它没声音。别人怎能使我变轻变重呢？只是自轻自重罢了。

【原文】

鼾齁惊邻，而睡者不闻；垢污满背，而负者不见。

【译文】

一个人睡觉时打呼噜能惊醒左邻右舍，但睡着的人本人听不到；污垢满背都是，但背负污垢的人自己却看不见。

【原文】

爱虺蝮而抚摩之，鲜不受其毒矣；恶虎豹而搏之，鲜不受其噬矣。处小人在不远不近之间。

【译文】

喜爱毒蛇而用手抚摸它的人，很少有不被毒蛇咬伤的；厌恶虎豹而同它进行搏斗的人，很少有不被吃掉的。与小人相处，应保持不远不近的态度。

【原文】

玄奇之疾，医以平易；英发之疾，医以深沉；阔大之疾，医以充实。

【译文】

奇怪的毛病，要用平易的方法来医治；外露的毛病，要用深沉的方法来医治；阔大的毛病，要用充实的方法来医治。

【原文】

千金之子，非一日而贫也。日朘月削，损于平日而贫于一旦。不咎其积，而咎其一旦，愚也。是故君子重小损，矜细行，防微敝。

【译文】

家有千金的人，不会一天就变得贫穷，而是由于日减月削，平日不停地耗损，而某一天就成了穷人。如果不归罪于平日，只归罪于这一天，就是愚蠢的人。因此君子重视小的损耗，对细小的行为慎重，预防微小的弊病。

【原文】

被桐以丝，其声两相借也。道不孤成，功不独立。

【译文】

在桐木上配丝弦做成琴，能发出悦耳的声音，这是桐、丝双方互相借助的原因。因此，道不是孤身一人能成就的，功业不是单独一人能建立的。

【原文】

坐对明灯，不可以见暗，而暗中人见对灯者甚真。是故君子贵处幽。

【译文】

面向明亮的灯光而坐，看不见黑暗的地方，而身处黑暗中的人却能把坐在灯光下的人看得清清楚楚。所以，君子最重要的是要善于把自己置于幽暗之处。

【原文】

积衰之难振也，如痿人之不能起。然若久痿，须补养之，使之渐起；若新痿，须针砭之，使之骤起。

【译文】

积衰往往难以振作起来，如同患有痿病的人一样。如果是患了很久的痿病，就需要补养，使他慢慢恢复；如果是新患的痿病，就需要进行针灸，使他快速恢复。

【原文】

我之子我怜之，邻人之子邻人怜之，非我非邻人之子，而转相鬻育，则不死为恩矣。是故公衙不如私舍之坚，驿马不如家骑之肥，不以我有视之也。苟扩其无我之心，则垂永逸者不惮今日之一劳，惟民财与力之可惜耳，奚必我居也？怀一体者，当使刍牧之常足，惟造物生命之可悯耳，奚必我乘也？呜呼！天下之有我久矣，不独此一二事也。学者须要打破这藩篱，才成大世界。

【译文】

我的孩子我怜爱他，邻人的孩子邻人怜爱他，不是我的孩子也不是邻人的孩子，就转相卖给别人养育，没让他死就算是大恩大德了。

因此公衙不如私舍坚固，驿马不如家骑肥壮，这是因为没有把公衙、驿马当做我自己拥有的东西来看待。如果能扩充无我之心，则可收一劳永逸之功，那现在修建公衙就要修得坚固，只要能珍惜民财、民力就行了，何必一定要自己居住？有万物一体观念的人，就应当保持马吃的草料的充足，只怜悯造物生命就行了，何必一定要自己骑乘？唉！天下被有我之心支配很久了，不单只以上一、二件事。学者须要打破“有我”这一藩篱，才能造就一个广阔的世界。

【原文】

瓦砾在道，过者皆弗见也；裹之以纸，人必拾之矣；十袭而椟之，人必盗之矣。故藏之，人思亡之；掩之，人思检之；围之，人思窥之；障之，人思望之，惟光明者不令人疑。故君子置其身于光天化日之下，丑好在我，我无饰也；爱憎在人，我无与也。

【译文】

瓦砾在道路上，过往的人都视而不见；用纸包裹好，人们一定会将它拾起来；多层包起并放在盒子里，人们一定想把它盗走。所以，有些东西就像瓦砾一样，藏起来，人们总想偷走它；掩埋起来，人们总想检视它；用东西围起来，人们总想偷看它；遮蔽起来，人们总想望见它，只有光明而不遮掩的不使人起疑心。所以君子要将自身置于光天化日之下，丑好在我，我无所掩饰；爱憎由人，我不会刻意为之。

【原文】

两物交必有声，两人交必有争。有声，两刚

之故也。两柔则无声，一柔一刚亦无声矣。有争，两贪之故也。两让则无争，一贪一让亦无争矣。抑有进焉，一柔可以驯刚，一让可以化贪。

【译文】

两物相撞一定会发出声音，两人相交一定会产生争斗。之所以发出声音，是因为这两个物体都刚硬的缘故。两个物体都柔软就不会发出声音，一个物体柔软而一个物体刚硬也不会发出声音。之所以产生争斗，是因为两个人都有贪心的缘故。两人相让就不会产生争斗，一人贪心而一人谦让也不会产生争斗。也还有更高层次的，一物柔弱可以驯服另一物的刚强，一人谦让可以感化另一人的贪心。

【原文】

挞人者梃也，而受挞者不怨梃；杀人者刃也，而受杀者不怨刃。

【译文】

鞭挞人的是梃，而受鞭挞的人不会去怨恨梃；杀人的是刀，而被杀的人不会去怨恨刀。

【原文】

水至清不掩鱼鲕之细，练至白不藏蝇点之缁。故清白二字，君子以持身则可，若以处世，道之贼而祸之薮也。故浑沦无所不包，幽晦无所不藏。

【译文】

水太清了连细小的鱼鲕都看得清清楚楚，练太白了连细微的黑色蝇点都遮掩不住。所以“清白”二字，君子用来守身可以，但如果用来处世，必定是道的祸害而且是灾祸的渊薮。所以浑沦没有什么不能包容，幽晦没有什么不能遮藏。

词 章

【原文】

诗、词、文、赋，都要有个忧君爱国之意，济人利物之心，春风舞雩之趣，达天见性之情；不为赘言，不袭馀绪，不道鄙迂，不言幽僻，不事刻削，不徇偏执。

【译文】

诗、词、文、赋，都要有为君主分忧、热爱祖国的思想，有救济世人、兼利万物的心意，有自然天成、悠然自得的情趣，有通达天命、表现心性的意义；不说不必要的话，不因袭他人的话，不说鄙陋迂腐之语，不道深幽怪僻之言，不尖酸刻薄，不偏激固执。

【原文】

议论之家，旁引根据，然而据传莫如据经，据经莫如据理。

【译文】

评论他人辞章的人，往往要旁征博引以作为依据。然而，根据传文不如根据经文，根据经文不如根据事理。

【原文】

疏狂之人多豪兴，其诗雄，读之令人洒落，有起懦之功。清逸之人多芳兴，其诗俊，读之令人自爱，脱粗鄙之态。沉潜之人多幽兴，其诗淡，读之令人寂静，动深远之思。冲淡之人多雅兴，其诗老，读之令人平易，消童稚之气。

【译文】

狂放不羁的人多豪兴，他的诗雄健，读起来令人洒脱，可以使懦弱的人振作。清新脱俗的人多芳兴，他的诗俊雅，读起来令人自爱，可以使人脱去粗俗鄙陋之态。深沉含蓄的人多幽兴，他的诗清淡，读起来令人寂静，可以引发人的深远之思。平和淡泊的人多雅兴，他的诗老成，读起来让人感到平易，可以使人消除童稚之气。

【原文】

愁红怨绿，是儿女语；对白抽黄，是骚墨语；叹老嗟卑，是寒酸语；慕膻附腥，是乞丐语。

【译文】

为落红而忧，因草绿而怨，是多愁善感的小儿女的言语；讲求对仗工整，是诗人墨客的言语；嗟叹年老位卑，是寒酸之人的言语；倾慕名利，是乞丐的言语。

【原文】

艰语深辞，险句怪字，文章之妖而道之贼也，后学之殃而木之灾也。路本平，而山溪之；日月本明，而云雾之。无异理，有异言；无深情，有深语。是人不诫，而是书不焚，有世教之责者之罪也。若曰其人学博而识深，意奥而语奇，然则孔、孟之言浅鄙甚矣。

【译文】

语艰辞深，句险字怪，这是怪异的文章，对道的危害最大，它会给后学带来祸害，给雕版印书带来灾难。路本来是平坦的，却要用山溪来阻挡；日月本来是光明的，却要拿云雾来遮盖。没有特别的道理，却要用特别的言词来表达；没有深厚的感情，却用艰深的语言来表达。对这样的人还不加以警诫，对这样的书还不予以焚烧，这是负责教化世人之人的罪责啊！如果认为这样的人学问博且见识远，用意深且语言奇，那么孔子、孟子的语言岂不是浅显鄙陋了吗？

【原文】

圣人不作无用文章，其论道则为有德之言，其论事则为有见之言，其叙述歌咏则为有益世教之言。

【译文】

圣人不写没有用的文章，他们谈论道时都是符合德行的言论，谈论事时都是有见地的言论，叙述歌咏时都是有益于世俗教化的言论。

【原文】

诗，低处在觅故事寻对头，高处在写胸中自得之趣，说眼前见在之景。

【译文】

写诗，低劣的是搜寻典故、寻找对句，高明的是抒写自己胸中的自得之趣，描述眼前见到的情景。

【原文】

诗辞要如哭笑，发乎情之不容已，则真切而有味。果真矣，不必较工拙。后世只要学诗辞，然工而失真，非诗辞之本意矣。故诗辞以情真切、语自然者为第一。

【译文】

诗辞要像哭和笑一样，表达内心不能遏制的感情，这样才会真切有味。果真能表达内心的真实感情，就不必计较文字的工巧或拙劣。后世的人，只要学习诗辞的创作，就会把追求工巧放在首位，但是只讲求工巧而失去真实的感情，违背了诗辞创作表达思想感情的本意。因此，诗辞的创作应以感情真切、语言自然为第一。

【原文】

古人无无益之文章，其明道也不得不形而为言，其发言也不得不成而为文。所谓因文见道者也，其文之古今工拙无论。

【译文】

古人没有无益的文章，他们阐明道时不得不通过言语来表达，用言语表达时不得不写成文章。这就是所说的因文而见道，而至于文章是古体还是今体、是工巧还是拙劣就不用在意了。

【原文】

文章有八要：简、切、明、尽、正、大、温、雅。不简则失之繁冗，不切则失之浮泛，不明则失之含糊，不尽则失之疏遗，不正则理不足以服人，不大则失冠冕之体，不温则暴厉刻削，不雅则鄙陋浅俗。庙堂文要有天覆地载，山林文要有仙风道骨，征伐文要有吞象食牛，奏对文要有忠肝义胆。诸如此类，可以例求。

【译文】

写文章有八点要求：简、切、明、尽、正、大、温、雅。不简练就失之繁冗，不贴切就失之浮泛，不明确就失之含糊，不详尽就失之疏漏，不合正义就不能以理服人，不大气就失冠冕之体，不温厚就显得暴戾刻薄，不儒雅就显得鄙陋浅俗。庙堂文要有覆天载地的胸襟，山林文要有仙风道骨的气象，征伐文要有吞象食牛的气概，奏对文要有忠肝义胆的精神。诸如此类，可以类推。

【原文】

言，心声也。因文可得其心，因心可知其人。其文爽亮者，其心必光明，而察其粗浅之病；其文劲直者，其人必刚方，而察其豪悍之病；其文藻丽者，其人必文采，而察其靡曼之病；其文庄重者，其人必端严，而察其寥落之病；其文飘逸者，其人必流动，而察其浮薄之病；其文典雅者，其人必质实，而察其朴钝之病；其文雄畅者，其人必挥霍，而察其跅弛之病；其文温润者，其人必和顺，而察其巽软之病；其文简洁者，其人必修谨，而察其拘挛之病；其文深沉者，其人必精细，而察其阴险之病；其文冲澹者，其人必恬雅，而察其懒散之病；其文变化者，其人必圆通，而察其机械之病；其文奇巧者，其人必聪明，而察其怪诞之病；其文苍老者，其人必不俗，而察其迂腐之病。有文之长，而无文之病，则其人可知矣。

【译文】

言语，是人心声的表露。根据一个人的文章可以看出他的心志，根据他的心志可以了解他的人品。文章爽亮的人，他必定光明正大，但要考察他是否有粗俗浅陋的毛病；文章劲直的人，他必定刚直方正，但要考察他是否有豪横蛮悍的毛病；文章华丽的人，他必定多文采，但要考察他是否有靡丽华美的毛病；文章庄重的人，他必定端庄严肃，但要考察他是否有郁郁寡欢的毛病；文章飘逸的人，他必定灵活多变，但要考察他是否有轻浮浅薄的毛病；文章典雅的人，他必定质朴老实，但要考察他是否有朴陋愚钝的毛病；文章雄畅的人，他必定挥洒自如，但要考察他是否有放荡不羁的毛病；文章温润的人，他必定温和随顺，但要考察他是否有卑顺软弱的毛病；文章简洁的人，他必定善于修饰而且谨慎，但要考察他是否有束手束脚的毛病；文章深沉的人，他必定精明细致，但要考察他是否有阴险诡诈的毛病；文章冲淡的人，他必定恬静优雅，但要考察他是否有懒惰散漫的毛病；文章变化多姿的人，他必定善于灵活变通，但要考察他是否有机伪巧诈的毛病；文章奇巧的人，他必定聪明机智，但要考察他是否有荒诞古怪的毛病；文章苍老的人，他必定超凡脱俗，但要考察他是否有迂腐守旧的毛病。如果一个人的文章有上述特点，而为人又没有上述毛病，那么这个人的人品就可推知了。